Inhalt

Grenzenlose Verbrechen 7

Coming out 11

Verschwundener Schinkel 59

Der Socken-Mörder 143

Grenzenlose Verbrechen

In der DDR, so sagt es die Statistik, gab es insgesamt bedeutend weniger Straftaten pro Bürger als in der BRD. Dafür gab es viele Gründe, die durchaus etwas mit dem Charakter der Gesellschaft zu tun hatten, und sei es nur die Tatsache, dass die soziale Zerklüftung nicht so groß war, um Begehrlichkeiten zu wecken, oder weil der Markt für die Drogenmafia uninteressant war. Auch war die Aufklärungsquote höher als beim westlichen Nachbarn. Verantwortlich dafür waren u. a. die zentralen Strukturen und die Zusammenarbeit der verschiedenen Ermittlungsbehörden, ein effizientes Meldesystem, und nicht zuletzt die – gewiss auch politische – Motivation der Ermittler. Beamtenmentalität war ihnen fremd.

Ich stelle auch nicht in Abrede, dass das Grenzregime der DDR die Fluchtmöglichkeiten erheblich einschränkte, was sicherlich ebenfalls eine Rolle spielte.

Und natürlich trug die Medienpolitik der DDR ihren Teil dazu bei, absichtlich oder nicht. Wenn, wie heute, über nahezu jedes Verbrechen in den einschlägigen Blättern marktschreierisch berichtet wird, macht sich zwangsläufig Verunsicherung breit. Die auffällige Zurückhaltung bei Informationen über Verbrechen und deren Verfolgung führte dazu, dass sich ein ausgeprägtes Sicherheitsgefühl selbst in Großstädten wie der Hauptstadt Berlin ausbreitete. Ermittler und Kriminalisten, die unmittelbar mit der Wirklichkeit konfrontiert waren, wussten, dass die mediale Abbildung nicht die Realität widerspiegelte. Zwar gab es weder Drogendelikte noch Bandenüberfälle, es gab keine Beschaffungskriminalität oder organisierten Ausländerhass. Dafür bestimmte die allgemeine Kriminalität wie Diebstahl persönlichen und sozialistischen Eigentums, Körperverletzungen, Sexualdelikte und Ähnliches den Arbeitsalltag der Kriminalisten in der DDR.

Der »Eiserne Vorhang« war in vielerlei Hinsicht tatsächlich einer, auch für die Ermittler. Für Kriminelle jedoch besaß er durchaus Schlupflöcher, wie zwei der drei hier geschilderten Fälle zeigen, die sich tatsächlich zugetragen haben. Wertvolles Diebesgut wurde – trotz Mauer – vom Osten in den Westen verschoben, ein Westberliner mordete im Prenzlauer Berg und wäre nie gefasst worden, wenn er nicht zwei Monate nach der Tat wieder

»besuchsweise« in die DDR eingereist wäre. Und schließlich ein anderer Mordfall, bei dem der Mörder sieben Jahre nach der Tat in der DDR mittels der Fingerabdruckidentifizierung des Bundeskriminalamtes überführt werden konnte. In Fällen wie diesen waren die Behörden in Ost und West zur Zusammenarbeit genötigt, denn Unrecht muss und musste nach dem Tatortprinzip dort geahndet werden, wo es sich zugetragen hatte. Und in jenem dritten Fall zeigte sich, dass die Mühlen der Gerechtigkeit unabhängig von der staatlichen Ordnung mahlen. Ein Verbrechen bleibt ein Verbrechen, egal, welche Fahnen auf den Zinnen wehen.

Die grenzüberschreitende Zusammenarbeit war nicht unkompliziert und bedurfte im geteilten Berlin nicht nur kriminalistischen, sondern auch politischen Feingefühls. Die geschilderten Fälle haben sich alle während meines Berufslebens ereignet, ich habe sie entweder direkt bearbeitet oder die Ermittlungen indirekt begleitet. Seit Ende der 60er Jahre war ich für die Deutsche Volkspolizei tätig, zuletzt – bis einschließlich 1990 – als Leiter des Dezernats X (Schwere Verbrechen und Serientäter) im Berliner Polizeipräsidium. Nach der »Wende« übernahm ich in der »Direktion E« (Spezialaufgaben der Verbrechensbekämpfung) die Bearbeitung von Raubstraftaten. Ich schied als Kriminaloberrat aus dem aktiven Polizeidienst aus. Die Leidenschaft für meinen Beruf hat mich bis heute nicht verlassen. Als Sachverständiger für Kriminalistik und als Privatdetektiv habe ich noch immer Kontakt mit Menschen, die »zur falschen Zeit am falschen Ort« waren.

Der Blick zurück auf meine Fälle, auf den Alltag von Ermittlern in der DDR, ist zugleich auch ein Blick auf die bewegte jüngere Geschichte unseres Landes. In einem wesentlichen Punkt unterschied sich unsere Arbeit ganz und gar nicht von jener der Kollegen im Westen: Es ging immer darum, möglichst schnell die Wahrheit ans Licht zu bringen.

Zum Schutz der persönlichen Daten und der Intimsphäre wurden in diesem Buch die Namen von Tätern, Opfern und Zeugen und mitunter auch die Handlungsorte verfremdet. Gespräche und Dialoge wurden sachlich nachempfunden.

Mein persönlicher Dank für die Unterstützung bei den Recherchen zu diesem Buch gilt Remo Kroll (LKA Berlin), Kriminalhauptkommissar Bernd Bories (LKA Berlin) und Kriminalhauptkommissar Norbert Taubitz (LKA Berlin). Nicht minder herzlich danke ich den Journalisten Ines Hein und Julian Vetten, die mir bei der Arbeit an diesem Band behilflich waren.

Kriminaloberrat a. D. Berndt Marmulla
Berlin, im September 2013

Coming out

Cem Ünal hatte es nicht leicht. Als drittes von fünf Kindern nahm er die undankbare Position zwischen zwei älteren Brüdern und zwei jüngeren Schwestern ein. Das waren unzertrennliche Geschwisterpaare, gegen die er selten ankam. Die Eltern, Vater Adem und Mutter Funda, stammten aus Anatolien und besaßen feste Vorstellungen von Tradition und Familienehre, die sie nicht nur weitergaben, sondern auch konsequent durchsetzten. Darin waren die Aufgaben, die ein Mann in der Familie zu erfüllen hatte, klar umrissen. Nicht nur in Anatolien, sondern auch in Berlin-Kreuzberg, wo sie seit 24 Jahren lebten. Cem war hier zur Welt gekommen. Seine beiden Brüder waren noch in Zelxider geboren worden, jenem kleinen Dorf, das eine knappe Tagesreise mit dem Auto von Ankara entfernt lag. Seit ungezählten Generationen war dieses Dorf die Heimat der Ünals. Wer dort geboren war, trug den Stolz seiner Ahnen im Herzen.

Auch sonst glichen sich die großen Brüder bis aufs Haar. Haci und Kuntay waren unzertrennlich. Beide von stattlicher Statur, beide sehr sportlich, beide der ganze Stolz des Vaters. Für sie war es vollkommen normal, dass der Vater ihre künftigen Ehefrauen auswählte und sie ihre Verlobten erst am Tag der Hochzeit kennenlernten.

Cem unterschied sich nicht nur körperlich von den Brüdern. Er besaß die schmächtige Figur eines Tänzers, seine Hände waren lang und schmal. Er trug sein schwarzes Haar etwas länger als die Brüder und einen Schnauzer, den er Barthaar für Barthaar pflegte. Die ballonseidenen Jogginganzüge, mit denen seine Brüder tagein, tagaus ihren sportlichen Eifer zur Schau stellten, waren ihm ein Graus. Er bevorzugte moderne Bundfaltenhosen und trug jeden Tag ein frisches weißes Hemd. Seine Schwestern amüsierten sich bereits über seine modischen Ticks, als er noch ein Junge war. Doch das legte sich irgendwann. Inzwischen waren die Frauen in der Familie Cems Verbündete gegen die anderen drei Männer. Und für sie war er der gute Freund, der Vertraute, mit dem man über alles reden konnte. Cem hatte Mitgefühl selbst bei Liebeskummer seiner Schwestern, Cousinen und Schulkameradinnen. Er verstand, weshalb sich seine jüngste Schwester Koza in den schönen Rifat verliebte. Er sah, wie der charmante Safet allen Mädchen mit einem flüchtigen Lächeln das Herz stahl. Cem wusste, wie sich die Mädchen fühlten. Denn auch sein Herz schlug für Männer.

Kreuzberg war kein Pflaster für einen jungen Mann wie Cem, damals, in den 80er Jahren. Die Familienbande der türkischen Einwanderer waren eng geknüpft. Man kannte sich untereinander und pflegte die Kultur der alten Heimat. Zusammenzuhalten, die Muttersprache zu sprechen und die kulturellen Gepflogenheiten lebendig zu halten – das half den Menschen über Heimweh und Verlust der vertrauten Alltagskultur hinweg. Gerade die Väter legten großen Wert darauf, ihre Söhne in der Tradition ihrer Herkunft zu erziehen, und dieser Stolz setzte sich in den Familien in der zweiten und später in der dritten Generation fort. Cem passte sich, soweit es ging, an. Er besuchte mit seinem Vater und den Brüdern täglich das Männercafé »Bosporus« in der Schlesischen Straße. Dort saßen sie am frühen Abend nach getaner Arbeit, tranken Tee, sahen Fußball oder türkische Sendungen im Fernsehen, die es seit kurzem gab. Sie waren unter sich.

Zwei Mal im Monat gab Cem vor, einen Abendkurs als Frisör zu besuchen. Dann fuhr er in den Osten der Stadt, um frei zu sein. Dort konnte er so sein, wie er wirklich war. Er besuchte die Schoppenstube, eine in der Szene bekannte Schwulenbar in der Schönhauser Allee.

In Westberlin stand ein aktives Ausleben der

Homosexualität unter Strafe. Es galt der §175 des westdeutschen Strafgesetzbuches, den es in der DDR seit 1968 nicht mehr gab. Die geschmähte Diktatur war diesbezüglich freier als der vermeintlich freie Westen. Zwar existierte in Schöneberg eine Schwulenszene, aber die war so schrill, bunt und nahe an Kreuzberg gelegen, dass Cem es nicht wagte, sich dort blicken zu lassen. Die Gefahr, gesehen zu werden, war einfach zu groß.

Darum wurde die Schwulenszene in Ostberlin für Männer wie Cem heimliche Zuflucht, hinter der Mauer waren sie sicher. Unter Kennern sprach man vom Bermuda-Dreieck, wo sich die Gleichgesinnten trafen. Das Bermuda-Dreieck lag im Prenzlauer Berg und meinte Schwulenkneipen wie das Café Senefelder, den Burgfrieden, die Schoppenstube oder die Alt-Berliner Bierstuben.

Man traf sich diskret, unterhielt sich gepflegt und verbrachte den Abend oder die Nacht – bis 24 Uhr – miteinander. Von lautem Party-Getöse, grellen Outfits und offen zur Schau gestellter Sexualität keine Spur. Denn die meisten Männer, die dorthin kamen, lebten bei Tageslicht ein anderes, ein unauffälliges, ein bürgerliches Leben.

Am 5. April 1984 erklärte der Älteste beim Mittagessen, zu dem traditionell alle Männer der Familie an den gedeckten Tisch der Mutter heimkehrten, dass Familienzuwachs ins Haus stünde. Hacis Frau war in der 14. Woche schwanger und die Familie außer sich vor Freude. Cems Vater küsste und umarmte seinen Sohn und beschwor das gute Schicksal der Ünals und ihrer Nachfahren.

»Ich hoffe, der Himmel schenkt uns einen Enkelsohn, Haci! Und noch bevor mein Enkel das Licht der Welt erblickt, wirst auch du heiraten, Cem. Als jüngster Onkel musst auch du nun eine Frau bekommen. Deine Mutter und ich haben eine gute Wahl für dich getroffen.«

Cem ließ fast den Löffel in die rote Linsensuppe fallen und schaute seinen Vater konsterniert an. Während alle am Tisch ausgelassen jubelten, war er zur Salzsäule erstarrt.

»Tülay, die Tochter von Usman Alkan«, erklärte der Vater, »du bist ihr schon einmal begegnet. Die Alkans stammen auch aus Zelxider und sind eine angesehene Familie. Ich habe mit ihrem Vater bereits verhandelt. Es wird höchste Zeit, dass du eine Frau bekommst.«

Schweigend ließ Cem die Umarmungen der Schwestern, das harte Schulterklopfen der Brüder und die tränenreiche Umarmung seiner Eltern über sich ergehen. Doch in seinem Innern fraß sich eine Feuerwalze bis zu seinem Herzen. Wie sollte er mit einer Frau leben? Wie seine ehelichen Pflichten erfüllen? Und wie sollte er, wenn er erst einmal verheiratet war, unbemerkt sein Doppelleben weiterführen?

Die Szenekneipe »Schoppe« im Prenzlauer Berg

Am Abend haute er einfach ab. Er passierte wie gewöhnlich den Grenzübergang in der Heinrich-Heine-Straße und flüchtete in die Schönhauser Allee, um sich in der »Schoppe« besinnungslos zu betrinken. Auch damit verstieß er gegen Tradition und Glauben. Doch er wusste weder ein noch aus. Seine Seele, so wähnte er, war ohnehin verloren. Er orderte gerade das zweite Herrengedeck am Bartresen, ein kleines Fläschchen Sekt und ein Bier, als er eine Stimme neben sich fragen hörte: »Hier noch frei?«

Cem nickte wortlos, ohne sich zur Seite zu drehen. Der Fremde nahm neben ihm Platz und bestellte ebenfalls ein Gedeck. Cem kippte den Sekt mit einer raschen Kopfbewegung hinunter und spürte noch das Prickeln im Hals, als er endlich den Kopf zur Seite drehte, um einen kurzen Blick auf seinen Nachbarn zu werfen. Der schlanke, große Mittdreißiger neben ihm lächelte charmant, hob sein Sektglas prostend und sagte: »Wohlsein! Ich bin der Mirko.« Dann kippte er das Prickelwasser hinunter und schloss dabei genüsslich die Augen.

Cem beobachtete ihn dabei. Unter dunkelblonden Locken strahlten blaue Augen in einem freundlichen hellen Gesicht, das ihm gefiel.

»Angenehm. Cem«, erwiderte er und reichte ihm die Hand.

Seine Stimme, das konnte er selbst hören, klang unsicher.

»Keinen guten Tag gehabt, was?« Mirko hatte es sofort registriert. Er hob die Bierflasche, der Türke und der Deutsche stießen lächelnd an.

»Es gab schon bessere, sagen wir mal so«, antwortete Cem.

Mirko stützte den Kopf auf der rechten Hand ab und rutschte mit dem Ellenbogen bis zur Tresenkante. Er hatte sich Cem zugedreht und die Beine übereinandergeschlagen.

»Du bist von drüben, oder?«

Cem nickte. »Kreuzberg.«

»Cem – was ist das für ein Name?«

»Ein türkischer«, erwiderte Cem und nahm

einen Schluck aus seiner Flasche. »Meine Eltern stammen aus Anatolien.«

»Du nicht?«

»Nee. Ich bin hier geboren und noch nie aus Berlin rausgekommen.«

»Versteh ich nicht«, meinte Mirko. »Wenn ich drüben wohnen würde, wäre ich ständig auf Achse.« Seine Augen glänzten. »Mensch, du kannst doch frei reisen, wohin du willst! Warum machste das nich?«

Cem schaute in sich hinein. Sollte er sagen, dass »Freiheit« für ihn etwas anderes bedeutete, nämlich sich als Schwuler nicht verstecken zu müssen? Und frei von traditionellen Zwängen leben zu können. Oder dass die »Freiheit«, die Mirko meinte, auch ihre Grenzen hatte: Als kleiner Frisör verdiente er nicht so wahnsinnig viel. Er besaß nicht mal ein Auto, mit dem er nach Westdeutschland hätte fahren können.

»Einfach machen, worauf man Lust hat. So leben, wie man möchte. Das wäre wirklich ein Traum!«, sagte Cem ausweichend.

Als sie sich kurz vor Mitternacht trennten, umarmten sie sich. Mehr nicht. In dieser zurückhaltenden Intimität lag für Cem ein nie gekannter Reiz. Mirko war kein Mann für eine Nacht, das hatte er sofort gemerkt. Und er hatte es vermocht, dass Cem mit etwas leichterem Herzen nach Kreuzberg zurückkehrte.

»Für jedes Problem gibt es eine Lösung«, erklärte Mirko beim Abschied, »man muss sein Leben nur in die Hand nehmen.« Seine Worte klangen lange in Cem nach.

Vor drei Wochen war Mirko in Cems Leben getreten. Der junge Türke hatte sich noch nie so lebendig gefühlt – und das, obwohl sein bürgerliches Leben mehr und mehr zur Tortur wurde. Ihm war seine künftige Ehefrau vorgestellt worden. Cem lief immer noch ein kalter Schauer über den Rücken, wenn er sich an dieses Treffen mit Tülay erinnerte: Unter den erwartungsvollen Blicken der Mitglieder beider Familien saßen sie bei Tee und Baklava und wussten nicht so recht, was sie miteinander anfangen sollten. Tülay war zweifelsohne ein nettes Mädchen und alles andere als hässlich, aber der Funke wollte einfach nicht überspringen. Weder sexuell noch sonst. Sie hatten sich einfach nichts zu sagen. Das Schweigen war peinlich. Die Eltern mühten sich ununterbrochen, ein Gespräch in Gang zu setzen, und erteilten unbeholfen Ratschläge.

Zweimal war Cem in jener Zeit in Ostberlin gewesen, um sich mit Mirko zu treffen. Jedes Mal hatte er sich zuvor Gedanken gemacht, womit er ihm eine Freude machen könnte. Einmal hatte er eingepackt, womit man drüben immer landete: Kaffee, Schokolade und Bananen. Damit fand er

Beifall bei Mirko. Und dieser wünschte sich einen Walkman. Die gab es seit kurzem: Wiedergabegeräte für Musikkassetten, die man am Gürtel trug, um mit Kopfhörern Musik zu hören.

Fremde zu beschenken war nicht Cems Art, aber bei Mirko hatte er keine Hemmungen. Er wollte ihm nicht nur eine Freude machen, sondern sich für die neu gewonnene Lebensfreude revanchieren, mit der ihn seine neue Bekanntschaft erfüllte. Jede Minute, die er mit diesem schönen Mann verbrachte, überzeugte Cem mehr davon, dass er einen ganz besonderen Menschen gefunden hatte. Mirko war intelligent und humorvoll, einfühlsam und verständnisvoll und dabei so attraktiv, dass es kaum zum Aushalten war. Immer wieder ertappte sich Cem bei der Frage, wie sich ein derart perfekter Mensch ausgerechnet für ihn, den Sohn eines anatolischen Bauern aus Westberlin, interessieren konnte.

Ihre beiden Treffen zählte Cem ohne Wenn und Aber zu den schönsten Tagen seines Lebens. Sie tranken zusammen und redeten stundenlang: über ihr Leben, Wünsche und Träume, auch über ihre Ängste. Cem hatte Mirko von seinem trostlosen Leben in Westberlin erzählt, und als er bei der arrangierten Heirat angelangt war, hatte Mirko seinen Kopf in beide Hände genommen und ihn zu sich herangezogen. Noch nie hatte Cem sich derart geborgen gefühlt wie in dieser Umarmung, die ewig hätte dauern können. Danach saßen die beiden eng beieinander, streichelten sich zärtlich über den Arm und legten ihre Hände ineinander.

Als sie sich vor einer Woche am Grenzübergang in der Heinrich-Heine-Straße verabschiedeten, hatte Mirko ihn in einer stillen Ecke an sich gepresst und ihm einen flüchtigen Kuss auf den Mund gedrückt. Als Cem auf der anderen Seite war, musste er lachen: Mit den ganzen Schmetterlingen in seinem Bauch hätte er wahrscheinlich auch einfach über die Grenze fliegen können. Kein Zweifel, Mirko war der Mann seines Lebens.

Sorgfältig faltete er daheim das schicke, braune Sakko zusammen, das er Mirko schenken wollte, und steckte es in seine Tasche. Er hatte fast einen ganzen Tag in den Kaufhäusern am Ku'damm verbracht, bis er mit seiner Auswahl zufrieden war – hoffentlich gefiel es Mirko ebenso wie ihm. Und dann – vielleicht – würden beide den nächsten Schritt wagen. Cem bebte innerlich, als er die Wohnung der Eltern verließ und sich auf den Weg gen Osten machte.

Wenig später öffnete Cem die Tür der »Schoppe«. Fröstelnd entledigte er sich der von der nasskalten Oktoberluft klamm gewordenen Jacke und betrat den wohlig warmen Schankraum des Lokals. Der Barmann blickte von dem Glas auf, das er gerade mit Inbrunst polierte, und begrüßte ihn mit einem gewinnenden Lächeln. Wie einen alten Stammgast, dachte Cem – kein Wunder, so oft wie er in letzter Zeit hier aufschlug.

»Wie immer?«, fragte der Barmann und griff bereits nach einer großen Tulpe, die verkehrt herum an einer Schiene über dem Zapfhahn angebracht war.

»Wie immer.« Cem lehnte sich an die Bar, während das Bier schäumend ins Glas lief. Er wagte noch nicht, seinen Blick durch den Raum schweifen zu lassen. Eins nach dem anderen.

Nach einer gefühlten Ewigkeit schob ihm der Barmann das frisch gezapfte Bier über den Tresen und deutete mit einer leichten Kopfbewegung und einem schiefen Grinsen in den hinteren Teil des Raumes: »Ich glaube, du wirst schon erwartet.«

Cems Kopf folgte dem Fingerzeig des Barkeepers viel schneller als beabsichtigt, und tatsächlich: Im hintersten Teil des Lokals, fast schon im Halbdunkel verborgen, saß Mirko an einem runden Tischchen. Aus der Ferne sah es fast aus, als schwebte ein Heiligenschein über seinem Kopf – der sich bei näherem Hinsehen allerdings als fahler Lichtkegel einer Lampe herausstellte.

Mirko war so vertieft in die vor ihm liegende Lektüre, dass er seine Ankunft erst bemerkte, als Cem direkt vor ihm stand. Dann ging die Sonne auf.

»Cem!« Mirko sprang aus seiner Nische auf. Mit einem breiten Grinsen – wie sehr Cem das liebte! – drückte er ihn an seine breite Brust. Am liebsten wäre Cem für immer in dieser Position verharrt, doch schließlich schob ihn Mirko ein Stück zurück, sah ihm tief in die Augen und sagte: »Schön, dass du da bist. Ich konnte es kaum erwarten.«

»Ich habe auch die Tage gezählt. Wie lang so eine Woche doch sein kann, wenn man sich auf etwas freut, nicht wahr?«

»Du sagst es. Setz dich doch und erzähl mal: Musstest du dich wieder mit Tülay treffen?«

»Ach, hör mir auf damit. Lass uns lieber über Erfreulicheres sprechen.«

Cems Blick fiel auf die Lektüre seines Schwarms, es war ein Katalog für Herrenmode. Schon in der vergangenen Woche hatte er mitbekommen, wie Mirko über die Kleidung im Westen geschwärmt hatte. Anscheinend war sein Mitbringsel also auch diese Woche wieder ein Volltreffer.

»Was für ein Zufall! Da scheine ich ja genau den richtigen Riecher gehabt zu haben«, sagte Cem und beförderte das Sakko aus seiner Tasche auf den Tisch. »Schau mal, was ich dir mitgebracht habe.«

Zufrieden beobachtete er, wie Mirko das Jackett vorsichtig auseinanderfaltete und mit fast schon ehrfürchtigem Blick bestaunte.

»Wahnsinn, das ist ja ein richtig edles Teil! Wo hast du das denn schon wieder her?«

»Och, ich war letzte Woche ohnehin shoppen, da ist mir das quasi über den Weg gelaufen. Halb so wild.« Cem machte eine wegwerfende Handbewegung.

»Jetzt tu mal nicht so bescheiden, du verrückter Hund. Das hat doch sicher eine Stange Geld gekostet! Und so dicke hast du es doch auch nicht.«

»Quatsch, so teuer sind die Sachen bei uns nun auch wieder nicht.« Cem versuchte, den Preis kleinzureden, doch in der Tat: Das Sakko hatte einen Teil seiner geringen Ersparnisse aufgezehrt.

»Das glaub ich dir nicht … Ich weiß gar nicht, wie ich mich dafür revanchieren kann.« Beim letzten Satz hatte Mirkos Stimme etwas Melancholisches bekommen – am liebsten wäre Cem gewesen, er nähme ihn wieder in die Arme.

»Du musst dich für gar nichts revanchieren. Deine Nähe allein genügt mir schon. Und deine Freude.«

Eine tiefe Zufriedenheit erfüllte Cem.

Mirko hingegen war einmal mehr von sich überzeugt.

Er kannte seine Wirkung auf schwule Männer. Der einfühlsame, zurückhaltende Versteher kam immer sehr gut an. Aber das hier übertraf alles, was er bisher erlebt hatte. So leicht wie dieser kleine Türke hatte es ihm noch keiner gemacht. Erst der Walkman, jetzt das Sakko …

Es war nicht der erste Westberliner Homo, den er ausnahm, doch noch nie ging es derart rasch. Bei den meisten musste er sich monatelang abstrampeln, ehe er seine Wünsche loswurde und diese sukzessive erfüllt wurden. Der Kleine hier spurte sofort. Er hatte sich auch in ihn verknallt, wie Mirko richtig beobachtete. Das schien sich zum Problem auszuwachsen. Irgendwann wollte der gewiss mit ihm in die Kiste, was er aber partout nicht mochte. Weder mit diesem noch mit einem anderen Kerl.

Aber über kurz oder lang würde er ihn mit nach Hause nehmen müssen. Wie all die anderen vor ihm, die ihr Herz an ihn verloren hatten. Er hatte dann irgendwann mit ihnen Schluss gemacht, wenn sie einerseits ausgemolken schienen und andererseits zu große Erwartungen an eine gemeinsame Zukunft entwickelten. Hopp und ex – enttäuschte Liebeserwartungen waren nicht einklagbar, schon gar nicht im grenzüberschreitenden Verkehr. Das war das Wunderbare an der Mauer. Obwohl er sie hasste: In diesen Fällen hielt er sie für nützlich.

Cem bestellte eine Runde nach der anderen. Mit den 25 Ostmark, die er im Gegenzug für seine 25 DM »Eintrittsgeld«, wie man den Zwangsumtausch an der Grenze nannte, erhalten hatte, konnte man sich durchaus betrinken. Mirko, auch nicht mehr ganz nüchtern, schlug ihm vor, für das Stündchen, das ihnen noch bliebe, bis er wieder nach drüben müsse, in seine Wohnung zu gehen. Er wusste, dass sich Cem nichts sehnlicher wünschte, und in der kurzen Zeit, so klar war er noch, würde auch nichts »passieren«. Aber er hätte wieder einen Wunsch frei …

Schon nach wenigen Minuten Fußweg schloss Mirko die Haustür in der Greifenhagener Straße auf. Sie stiegen die alten ausgetretenen Stufen hinauf. Das Linoleum stammte wohl noch aus dem Dritten Reich, so zerschrammt war es. Doch der alte Griebnitz, den sie auf dem Weg in die zweite Etage trafen, gehörte zu jenen, die sich an das heruntergekommene Haus klammerten, als wäre es ihr eigenes. Er fegte zu später Stunde die Treppe und erwiderte mürrisch den Abendgruß von Mirko. In seiner Stimme schwang die Verachtung mit, die er für Menschen dieses Schlages übrig hatte. Cem vernahm sie nicht, denn er war nicht nur vom Alkohol berauscht.

Mirko sperrte die Wohnungstür auf und zog Cem mit sich in den dunklen Flur.

»Hier ist das Wohnzimmer«, sagte Mirko und knipste das Licht an. »Mach's dir bequem. Was wollen wir trinken? Sekt, Bier, Wein, Schnaps. Oder vielleicht Tee?«

»Besser Tee. Wir haben schon reichlich getrunken.« Cem nickte wie zur Bekräftigung. Er wollte nicht sturzbetrunken den Grenzübergang

Der Weg von der »Schoppe« zur Wohnung von
Mirko Bovino

passieren. Außerdem … Er vibrierte vor Erregung. Mirko hatte ihn mitgenommen, zeigte ihm seine Wohnung. Das Glück, welches er mit wachem Verstand genießen wollte, war Rausch genug. Er strahlte Mirko an.

Der verschwand in der Küche.

Cem schaute sich im Wohnzimmer um. Enttäuschung begann sich breitzumachen. Was war das für eine Rumpelkammer? Er hatte schon etliche Wohnungen von Schwulen gesehen, aber die waren aufgeräumter, gepflegter. Selbst wenn es sich erkennbar um arme Schlucker handelte, hatte es dort ordentlicher ausgesehen. Nicht nur, dass ihm der Zustand der Junggesellenbude missfiel.

Er stand erkennbar im Widerspruch zu Mirkos Auftreten und Wesen.

Cem wischte die Fragen aus seinen Gedanken. Ach, was soll's, sagte er sich, wichtig war einzig die Zuneigung, die sie beide miteinander verband.

In der Mitte des Raumes stand ein gefliester Couchtisch, wie sie derzeit in Mode waren, umrahmt von zwei antiquierten, durchgewetzten Ohrensesseln und einer hässlichen, nicht minder ramponierten Couch aus Kunstleder, das lange Risse aufwies. Auf und unter dem Tisch lagen Zeitschriften, Briefe und Postkarten, drei Aschenbecher quollen über. An der einen Wand stand ein großer Schrank, offenbar für Kleidung und Wäsche, gegenüber thronte ein Fernseher auf Bücherstapeln. Unter eines der beiden großen Fenster quetschte sich ein Sekretär. Auch dort herrschte Unordnung wie überall im Raum.

Was war Mirko überhaupt von Beruf, fragte er sich auf einmal. Womit bestritt er seinen Lebensunterhalt? Darüber hatten sie nie gesprochen, fiel Cem plötzlich auf. Was wusste er überhaupt von ihm, den er als seinen Freund betrachtete. Gaben darauf die Briefe und Karten, die überall herumlagen, vielleicht Antwort? Ihn packte plötzlich unbändige Neugier. Ohne etwas zu berühren, ließ er seinen Blick über die Papiere schweifen. Neben offiziell aussehenden Schreiben lagen einige ungeöffnete Briefe herum. Ein handgeschriebenes

Blatt Papier in der Mitte des Tisches fand seine Aufmerksamkeit. Das Schreiben war gerichtet an eine Gisela. Ein Füllfederhalter lag mit offener Spitze daneben, offenkundig hatte der Schreiber – Mirko – mitten im Satz geendet und vergessen, den Stift zu verschließen.

Cem juckte es in den Fingern. Es war jedoch erkennbar private Post, die ging ihn nichts an. Er zögerte. Dann obsiegte die Neugier. Wer war diese Gisela – Mirkos Schwester, eine Cousine? Von ihr hatte er nie etwas erzählt.

Ein paar Sekunden stand er unentschlossen vor dem Schreibtisch. Aus der Küche kam Geklapper, Mirko war beschäftigt. Dann griff er den Bogen und las:

»Meine liebste Gisela,

ich schreibe Dir diese Zeilen in der Gewissheit, dass wir nicht mehr lange voneinander getrennt sein werden. Sicher, das behaupte ich nicht zum ersten Mal, aber jetzt ist es fast soweit. Nachdem ich mich nun fast ein Jahr lang in meinem neuen Job abgerackert habe, dürfte ich bald genug Geld zusammen haben, um uns beiden eine Existenz aufzubauen. Vor ein paar Wochen habe ich einen ganz dicken Fisch an Land gezogen: einen jungen Geschäftsmann aus dem Westen, der meine Dienste benötigt. Ich habe das Gefühl, dass dieser Kunde mir noch einiges einbringen wird, wenn ich hartnäckig am Ball bleibe.

Ich denke, dass mein Ausreiseantrag bald bewilligt werden wird, dann wird alles gut und ich kann endlich zu Dir. Bis es soweit ist, verdiene ich mir noch eine goldene Nase im Osten, um so schöner wird unser Liebesnest im Westen. Oh, mein Augenstern, wie sehr ich mich nach Deiner Nähe sehne. Verzage nicht und besuch mich doch bald mal wieder – ich weiß ja schon gar nicht mehr, wie schön Du eigentlich bist.

Sehnsüchtigste Grüße und Küsse,

Dein Mirko«

Cem traute seinen Augen nicht und las erneut den Text. Langsam begann er ihn zu entschlüsseln und zu verstehen. Gisela lebte im Westen, und Mirko liebte sie, weshalb er – sofern dies zutraf – aus der DDR ausreisen wollte. Und wer war der »dicke Fisch«, den Mirko »an Land gezogen« hatte? Manches verstand Cem nicht, aber eines durchaus: Mirko fühlte sich zu dieser Frau stärker hingezogen als zu ihm.

Er ließ sich in den Sessel fallen. In seinem Kopf ging es wild durcheinander, er fühlte sich betrogen und hintergangen. Waren die Gefühle, die Mirko ihm gegenüber gezeigt hatte, nur gespielt? Hatte er ihn absichtsvoll getäuscht? War Mirko am Ende nicht einmal schwul? Was war wahr, was Lüge? Cem bekam dies alles kaum sortiert, Verstand und Gefühle rangen miteinander und verwirrten ihn gänzlich. Eine tiefe Enttäuschung bemächtigte sich seiner. Die Sehnsüchte, Hoffnungen und Erwartungen, die er bis vor wenigen Augenblicken mit Mirko verknüpft hatte, begannen sich in Nichts aufzulösen. Der vage Traum von einer gemeinsamen Zukunft zerstob. Dessen wurde sich Cem immer mehr bewusst. Und je länger er darüber nachdachte, desto mehr drängte sich eine andere Empfindung in den Vordergrund. Er fühlte sich betrogen und ausgenutzt. Er hatte sein Innerstes offenbart, Mirko die intimsten Geheimnisse wissen lassen, sich völlig entblößt und ihm schutzlos ausgeliefert. Zorn stieg in ihm auf, und der fragte nicht danach, ob nicht auch Cem Schuld an dieser Selbstentblößung trug – schließlich war er von Mirko zu nichts genötigt worden.

Auf einmal verstand er seine Brüder, wenn diese von »Ehre« sprachen, die sie meinten verteidigen zu müssen. Er hatte das immer für überholten Quatsch gehalten, für Wichtigtuerei und Kraftmeierei. Jetzt verstand er das alles. Auch seine »Ehre« war massiv verletzt, Cems Gefühle missbraucht, er auf unentschuldbare Weise beleidigt und verhöhnt worden. Darauf konnte es nur eine Antwort geben.

Cem erhob sich und griff nach dem Brieföffner, der auf dem Schreibtisch lag. Dieser war aus Metall und spitz wie ein Messer.

Mirko balancierte auf einem Tablett zwei Tassen Tee ins Zimmer, strahlte übers ganze Gesicht, als wisse er sich vor Freude kaum zu halten, dass er Cem bei sich habe. Dabei galt seine Gefühlsaufwallung einzig sich selbst und seiner Idee, die ihm in der Küche gekommen war. Er entsann sich der Schlaftropfen, die der Arzt einst seiner Großmutter verschrieben hatte. Als er ihre Wohnung auflöste und schon dabei war, die ganze Hausapotheke zu entsorgen, war ihm das Fläschchen in die Hände gefallen. Er steckte es ein. Gewiss war das Verfallsdatum schon längst überschritten, als er die Tropfen in Cems Teeglas fallen ließ, aber er hoffte, dass das Zeug noch eine Restwirkung entfalten würde.

»Na, mein Lieber, hast du dich sehr gelangweilt?«

Er blickte in ein wütend verzerrtes Gesicht.

»Was ist mit dir?«

Cem reagierte mit Verzögerung. »Du Ratte!«

»Ich verstehe nicht …«

»Du elendes Schwein.« Cem zitterte am ganzen Körper. »Spar dir dein albernes Getue.«

Erst jetzt sah Mirko den Brieföffner in Cems Hand.

»Was soll das?«

»Ich habe deinen Brief gelesen.«

»Welchen Brief?«

Cem machte eine Kopfbewegung in Richtung Sekretär hinter seinem Rücken.

»Ach, den.«

»Ja, den: an die liebe Gisela.«

Mirko versuchte, entspannt und natürlich zu lächeln, er wollte die Sache herunterspielen. »Das ist doch nur eine Cousine in Bielefeld. Das musst du nicht ernst nehmen ... Komm, setz dich, trinken wir erst einmal unseren Tee.«

Mirko stellte das Tablett auf den Tisch. »Ich brauche sie doch nur, um aus der DDR rauszukommen. Verstehst du?«

»Nein, verstehe ich nicht.«

»Das ist doch alles nur für die Stasi.«

»Was ist *die Stasi*?«

»Na, die Geheimpolizei. Die liest doch die ganze Post in den Westen. Ich mache also darin auf große Liebe und so, damit sie glaubt, dass ich zu meiner Angebeteten in den Westen will. Familienzusammenführung sozusagen.«

Cem spürte, dass er weich wurde. Und wenn das wirklich stimmte, was Mirko sagte?

»Du liebst sie also nicht?«

»Nicht die Bohne. Es gibt nur einen Menschen, dem meine Liebe gehört ...« Und dabei blinzelte er Cem selbstbewusst und siegessicher an.

Das war eine Spur zu theatralisch, zu schmierig. Cem hatte es sofort begriffen.

Und er stach zu.

Der Brieföffner drang ohne großen Widerstand in Mirkos Bauch ein. Der schrie auf und fasste reflexartig an jene Stelle, aus der Cem blitzschnell die

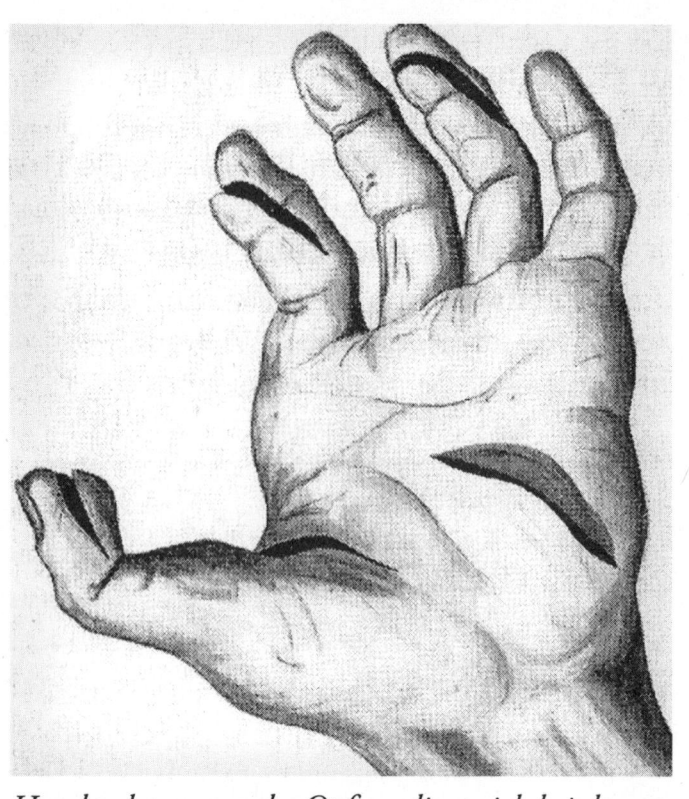

Handverletzungen des Opfers, die es sich bei dem Versuch zuzog, den Brieföffner abzuwehren

Klinge zog, um erneut zuzustechen. Diesmal zielte er etwas höher, doch die Klinge rutschte von einer Rippe ab. Wie im Rausch stach er auf Mirko ein. Der sackte auf die Knie und schrie vor Schmerz. Nur ansatzweise versuchte er, sich mit den Armen zu wehren, doch Cem war außer sich und ließ sich nicht aufhalten. Stumm hieb er auf den inzwischen am Boden Liegenden ein, er schnaufte allenfalls vor Anstrengung. Bei jedem Stich empfand er Genugtuung und einen Teil seiner Ehre wiederhergestellt. Er dachte nicht, er fühlte nur und bohrte den Brieföffner in diesen Mann, der seine Empfindungen missbraucht hatte. Wieder und wieder. Mirkos Wimmern wurde immer schwächer, und ehe er gänzlich verstummte, trieb ihm Cem den Stahl in den Hals. Plötzlich war es ganz still im Zimmer.

Cem erhob sich und verließ die Wohnung, ohne auch nur einen Blick zurückzuwerfen. Er griff nach der Jacke im Flur, zog die Tür zu und eilte die Treppe hinunter. Nicht besonders schnell, keineswegs erregt. Die Haustür war nicht verschlossen. Im fahlen Licht der Straßenbeleuchtung musterte er Hände und Kleidung. Die Blutspritzer an der rechten Hand wischte er mit dem Taschentuch ab. Mehr war nicht zu sehen. Er wollte den DDR-Grenzern keinen Anlass zur Nachfrage liefern.

»Was für eine Sauerei«, entfuhr es Norbert Taubert, als er den Toten sah. Der Hauptmann der K hatte im Laufe der Jahre einiges gesehen, auch etliche solcher »schmutzigen Morde«, wie er sie nannte, aber es gab offenkundig immer noch Steigerungen. Das Opfer, Taubert schätzte es auf Mitte 30, lag zusammengekrümmt in seinem eigenen Blut. Der ganze Körper war mit Stichwunden geradezu übersät, vor allem Arme und Hände wiesen viele

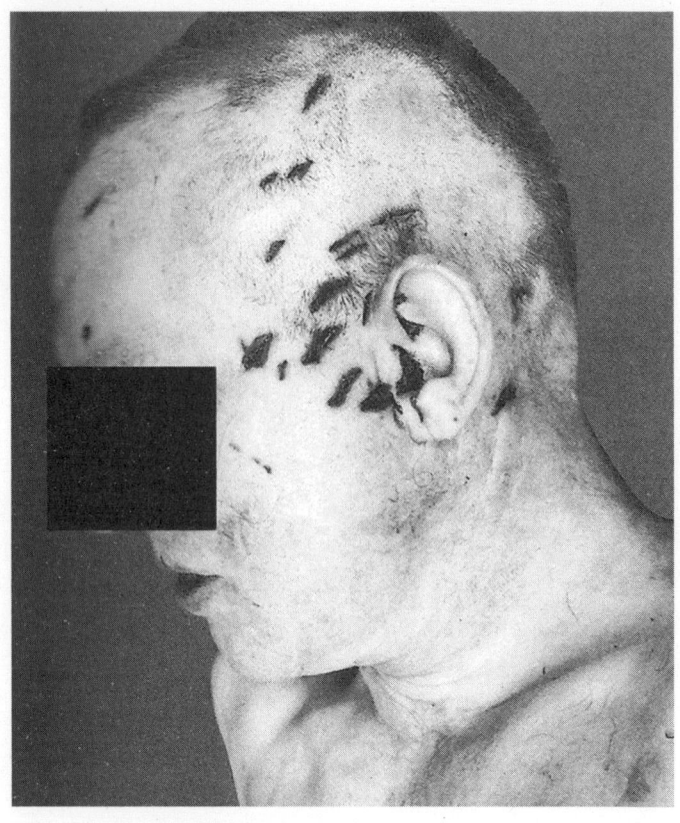

Das Opfer Mirko Bovino

Verletzungen auf, was darauf deutete, dass sich der Mann gewehrt haben musste. Das Tatwerkzeug steckte unübersehbar im Hals.

»Wer hat ihn gefunden?«

»Ich«, sagte der alte Mann im Türrahmen, neben dem ein Oberleutnant in Uniform stand.

»Wer sind Sie?«

»Griebnitz, Heinz Griebnitz.«

Taubert erhob sich und drängte den Mann in die Küche. »Wir wollen mal die Kriminaltechniker in Ruhe ihre Arbeit machen lassen.« Der Mann von der Morduntersuchungskommission hasste es, wenn Zeugen oder andere, die nichts am Tatort verloren hatten, neugierig ihre Hälse reckten. Es ging ihm nicht nur darum, mögliche Täterspuren oder -hinweise zu sichern, die auf diese Weise eventuell verwischt oder vernichtet werden konnten. Taubert hatte aus Prinzip etwas gegen Gaffer. Sie setzten anschließend Gerüchte in die Welt, die die Ermittlungen erschwerten. Er kannte sich damit aus.

»Herr Griebnitz, Sie haben heute Morgen in der Volkspolizeiinspektion Prenzlauer Berg angerufen.«

Wie zur Bekräftigung nickte der junge Oberleutnant. »Ja, exakt um 7.15 Uhr. Und nachdem wir den Tatort aufgesucht und gesichert haben, habe ich die MUK informiert.«

Taubert verzog ein wenig mokant die Lippen. Der Junge will mal hoch hinaus, dachte er, und wandte sich dem Rentner zu.

»So, Herr Griebnitz, dann erzählen Sie mal.«

»Was gibt es da groß zu berichten? Ich bin heute am Morgen die Treppe runter und habe gesehen, dass die Tür von dem Bovino nur angelehnt war. Ich habe geöffnet und gerufen, aber niemand hat geantwortet.«

»Passiert so etwas häufig?«

»Naja, wir sind ein ordentliches Haus. Aber in der letzten Zeit nehmen die Wohnungseinbrüche zu. Bei uns hat es aber bislang noch keinen gegeben. Da achte ich schon drauf …«

»Sie führen das Hausbuch?«, erkundigte sich Taubert.

Griebnitz nickte. »Von Anbeginn. Ich schließe auch abends die Haustür ab. Aber wenn nach mir noch welche kommen oder gehen, bleibt die Tür meist offen.«

»Haben Sie auch gestern abgeschlossen?«

Der Hausvertrauensmann nickte. »Aber heute morgen, als ich zur Telefonzelle ging, stand sie offen.«

»Die dürfte kaum der Herr Bovino aufgeschlossen haben.«

»Nein, ganz gewiss nicht.«

»Sie sind also in die Wohnung gegangen, nachdem niemand geantwortet hat.«

»Ja. Und dann sah ich ihn dort liegen.« Griebnitz machte eine Handbewegung in Richtung Wohnzimmer.

»Kannten Sie ihn?«

Griebnitz blies die Backen auf. »Was heißt kennen? Der wohnt noch nicht lange hier. Und wovon der lebte …« Er machte eine wegwerfende Handbewegung. »Fragen Sie mich besser nicht. Ich glaube nicht, dass der einer geregelten Arbeit nachging. Das war so eine Art Heiratsschwindler, wenn Sie verstehen, was ich meine.«

»Nein, keine Ahnung. Erklären Sie es mir.« Taubert blickte schmunzelnd zu dem Mann von der VP-Inspektion. »War der bei euch auffällig?«

Der Oberleutnant schüttelte den Kopf.

Griebnitz meldete sich wieder zu Wort. »Der brachte hin und wieder Frauen oder Männer mit.«

»Das ist ja nicht verboten.«

»Nee, das nicht. Aber die kamen selten zwei Mal.«

»Sie wollen damit sagen, dass es sich eher um flüchtige Bekanntschaften handelte.«

»Genau, Herr Kommissar. Nichts anderes wollte ich damit ausdrücken.«

»Hauptmann.«

»Wie bitte?«

»Kommissare gibt es nur im Fernsehen, also im Westfernsehen. Ich bin Hauptmann der Kriminalpolizei Taubert.«

»Also Genosse Taubert – ich darf doch Genosse sagen?, der Bovino war in meinen Augen ein Asozialer. Der hat von Gelegenheitsarbeiten gelebt und sich von anderen aushalten lassen. Meistens welche von drüben. Der gestern war auch so einer.«

»Moment mal«, Taubert war auf einmal hellwach. »Gestern?«

»Ja, habe ich das noch nicht erzählt? Gestern

Abend, als ich die Treppe fegte, kam er mit einem Kerl die Treppe hoch. War wohl ein Türke.«

»Woher wollen Sie das wissen? Auch Bulgaren haben einen dunklen Teint und schwarze Haare.«

»Ja, die kommen aber nicht aus Westberlin.«

»Und der Mann war von drüben?«

»So wahr ich Griebnitz heiße. Das sah man schon an den Klamotten. Die stammten nicht aus der Jumo oder aus dem konsument. Und außerdem hat der gestunken wie so'n Wiedehopf.«

Taubert lachte kurz auf. »Nach Alkohol?«

»Haben Sie schon mal 'nen besoffnen Wiedehopf gesehen? Nee, der roch nach Männerparfüm. Die Kerle besprühen sich doch im Westen wie die Frauen. Nicht nur die Schwuchteln … Aber angetütert waren beide auch. Das stimmt. Der Bovino kam oft blau nach Hause.«

»Hatte er eine Stammkneipe?«

»Keine Ahnung, aber es wird wohl eine im Kiez gewesen sein.«

»Halten wir also fest«, begann Taubert zu repetieren und blickte dabei auf den Oberleutnant, der bereits die ganze Zeit Notizen in ein kleines Büchlein schrieb. »Der Tote – Mirko Bovino – kam gestern Abend in Begleitung nach Hause. Bei dem Mann handelte es sich vermutlich um einen Türken aus Westberlin. Beide Männer waren angetrunken. Soweit alles korrekt?«

»Korrekt, Herr Komm …, Genosse Hauptmann.«

»Ihre Daten haben wir bereits?« Die Frage galt dem Oberleutnant von der VP-Inspektion. Der nickte.

»Dann sind Sie erst einmal entlassen. Auf Wiedersehen.«

Taubert erhob sich vom Küchenstuhl und verabschiedete sich mit Handschlag von Griebnitz, der ein wenig unsicher wirkte. »Sie können jetzt ruhig in Ihre Wohnung gehen und…«, Taubert legte den Zeigefinder quer auf seine Lippen.

»Verstehe.«

»Vielleicht kommen wir noch einmal auf Sie zu. Falls wir von dem Mann, denn Sie in Bovinos Begleitung gesehen haben, eine Porträtzeichnung anfertigen müssen.«

Das schien aber Taubert bei Lage der Dinge fast überflüssig.

»Oder was meinen Sie, Genosse Oberleutnant?«, sagte er, als Griebnitz die Wohnung verlassen hatte.

»Ich denke, wir sollten alle Kneipen im Umkreis von tausend Metern abklappern und Erkundigungen nach Bovino und seiner Begleitung einholen.«

»Haben wir ein Foto von Bovino? Wir können ja schlecht mit einem Polaroid von der Leiche ermitteln, damit lösen wir ein Buschfeuer aus.«

»Nehmen wir doch einfach seinen Personalausweis.« Der Oberleutnant dachte erkennbar mit. Pfiffiges Kerlchen, dachter Taubert.

»Haben Sie ihn?«

»Ich denke, er sollte sich irgendwo in der Wohnung finden lassen.«

»Na, dann suchen Sie mal schön. Ich schau nach unseren Leuten von der Spurensicherung, die sollten inzwischen fertig sein.«

Bereits am Nachmittag erreichte Taubert die Nachricht, dass die Kollegen von der VP-Inspektion Prenzlauer Berg fündig geworden waren. Nur einen Straßenzug weiter, in der Schönhauser Allee, erinnerte sich ein Wirt an seinen Stammgast, der auch gestern bei ihm gewesen war. Er habe das Lokal mit einem Mann gemeinsam verlassen.

»Wie hieß die Kneipe?«

»Schoppenstube.«

»Das ist doch ein Schwulentreff.«

»Genau.« Der Oberleutnant am anderen Ende der Leitung legte einen triumphierenden Unterton in seine Stimme.

Taubert hingegen wirkte irritiert. »Ich habe schon einige Morde unter Homosexuellen bearbeitet, aber das ist keiner im Milieu. Sie haben doch selber die Bude von dem Bovino gesehen. Wenn der schwul war, fress' ich einen Besen.«

»Müssen Sie nicht, Genosse Hauptmann. Wir haben das inzwischen ermittelt. Bovino hat einen

Ausreiseantrag gestellt, und das MfS hat ihn daraufhin, wie üblich, durchgecheckt. Es gibt eine Frau in der Bundesrepublik, die er heiraten will. Der ist so hetero wie Sie und ich …«

Taubert räusperte sich. »Woher wollen Sie das wissen?« Er liebte es, Kollegen zu verunsichern.

In der Leitung herrschte einen Moment Funkstille. »Jedenfalls ist Bovino in der Schwulenszene nicht bekannt.«

»Aber die Schoppenstube ist doch ein Szenelokal?«

»Ja, schon, aber nicht jeder, der dort verkehrt, ist gleich eine Tunte.«

»Hat der Wirt etwas zu dem Mann gesagt, mit dem Bovino verschwunden ist?«

»Ja.«

»Nun spannen Sie mich nicht auf die Folter.«

»Wie Griebnitz schon sagte: ein junger Türke aus Westberlin.«

»Okay. Ich will mit dem Schoppenwirt reden. Kommen Sie mit?«

»Ja, sicher. Wann?«

»In einer Viertelstunde bin ich in der Schönhauser.«

Wüsste man es nicht besser, könnte man die »Schoppenstube« für eine stinknormale Berliner Kneipe halten. Es gab beim Interieur keine Unterschiede zu anderen, und wie die meisten war auch sie um diese Zeit ziemlich leer. Der Mittagstisch war schon lange durch, und die Arbeiter, die nach Schichtschluss ihr Feierabendbier hier tranken, waren noch in den Betrieben. Und bis zum Abend mit den Gästen vom anderen Ufer war es noch lange hin.

Gerade mal ein Tisch war besetzt, und der Wirt langweilte sich sichtlich hinterm Zapfhahn.

»'n Tag«, scherzte Taubert, zückte seinen Ausweis am Lederriemchen und nannte seinen und den Namen seines Begleiters. »Ich habe da mal ein paar Fragen.«

»Und ich habe ein leckeres Bier …« Der Mann, vor dessen Wampe sich ein Lederschürzchen spannte, grinste einladend.

»Glaube ich. Aber wir sind im Dienst.«

»Gibt es auch Kaffee?«

Der Oberleutnant wollte nicht ganz ablehnend reagieren.

»Dann wären wir ein Café.«

»Na, dann eben nicht.«

»Können wir reden?«

»Ich kann.«

»Ich auch.« Taubert liebte solche Schlagabtausche, er mochte die Berliner Kodderschnauze, die den Ehrgeiz hatte, stets für sich das letzte Wort zu reklamieren.

»Gestern ist unweit von hier ein Bürger in seiner Wohnung ermordet worden …«

»Mirko Bovino. Ich habe ihn schon identifiziert.«

»Dann sind Sie ja bereits im Bilde. Uns interessiert der Mann, mit dem er gestern das Lokal verlassen hat.«

»Sie meinen den Türken?«

»Ich meine den Mann, mit dem Bovino gestern Abend hier war und mit dem er zusammen gegangen ist.«

»Sag ich doch: mit dem Türken.«

»Geht's ein wenig genauer?«

»Es geht. Das war ein Türke aus Westberlin, Anfang 20. Kam häufiger vorbei.«

»Allein?«

»Ja. Mitunter hat er jemanden aufgerissen.«

»War er Homo?«

»Aber hallo …«

»Das heißt ja?«

Der Wirt nickte. »Schwuler ging's kaum.«

»Und Bovino?«

Ein lautes, kurzes Lachen war die Antwort. »Sie meinen, ob der auch …? Nee, der hat nur so getan.«

»Und warum?«

»Warum, warum …«

Taubert merkte, dass er einen Punkt berührt hatte, der dem Kneiper unangenehm war. Der Hauptmann zog sich die Hose nicht mit der Kneifzange an. Und er wusste, dass das *Neue*

Phantombild des Täters Cem Ünal

Deutschland das eine und das wirkliche Leben das andere war. Viele Lokale in der Hauptstadt waren Handels- und Umschlagsplätze, dort wurde mit

Liebe und anderen Waren gehandelt. Wenn man »bunte Scheine«, also Westgeld, brauchte, wusste man, wohin man zu gehen hatte. »Ich will nicht wissen, was unterm Tisch läuft. Mich interessiert lediglich, was Bovino hier wollte, wenn er keine Schwuchtel war.«

Der Mann hinterm Tresen zögerte.

Taubert legte seinen Trumpf auf den Schanktisch. »Bovino ist tot. Es hat keine Folgen für ihn.«

»Ich scheiß keinen an.«

»Versteh ich. Aber noch mal: Wenn einer tot ist, kann er allenfalls beim Jüngsten Gericht belangt werden.«

»Oh, ein bibelfester Kriminaler. Das ist mal was Neues.« Der Wirt wieherte, dass die Lederschürze wackelte.

Taubert schien ein wenig ungehalten. »Ich mache hier keine Bibelstunde. Ich will lediglich von Ihnen wissen, was Bovino hier trieb.«

»Ganz simpel: Der baggerte schwule Jungs an.«

»Obwohl er nicht schwul war?« Der Oberleutnant von der VP-Inspektion schaute ungläubig.

»Das war doch sein Trick. Bovino sah gut aus, auf den fuhren die Jungs nur so ab. Und er gab den Männerversteher. Hörte zu, wenn die ihr Herz ausschütteten, schaute ihnen tief in die Augen, hielt das Händchen, nickte verständnisvoll. Den meisten ging es gar nicht um Sex. Die wollten nur quatschen. Und Bovino stellte sich als seelisches Kotzbecken zur Verfügung.«

»Völlig uneigennützig.«

»Das nun gerade nicht. Er ließ sich dafür gern aushalten. Selten, dass der mal eine Rechnung bezahlte.«

»Und das war alles?«

»Vermutlich nicht. Die Westberliner hatten immer einen Beutel dabei.«

»Er hat es besonders auf die abgesehen.«

Der Wirt drehte seine Hände nach oben, was wohl heißen sollte: Keine Ahnung, mein Name ist Hase, ich weiß von nichts.

»Bovino und sein Freund kommen nicht wieder, also …«

»Aber meine anderen Stammkunden schon.«

Taubert nickte. »Verstehe. Ich mache mir also meinen eigenen Reim.«

Der Oberleutnant blickte in sein Notizbüchlein. »Die beiden wurden gegen zehn von einem Zeugen in Bovinos Treppenaufgang gesehen. Mit ziemlicher Schlagseite.«

»Na, nüchtern waren die beiden nicht mehr.«

»Wie sah der Mann aus, den Sie für einen Türken hielten?«

»Wie sie alle ausschauen, die aus Anatolien kommen.«

»Die Türkei ist nicht nur Anatolien.«

Der Wirt machte eine ärgerliche Handbewegung. »Nun seien Sie mal nicht so pingelig. Der Türke trug einen kurzen, gepflegten Vollbart, den Scheitel auf der rechten Seite. Und er hatte so einen melancholischen Blick. Margot kann ihn genauer beschreiben.«

»Wer ist Margot?«

»Die Bedienkraft. Sie arbeitet halbtags und immer am Abend. Die beiden saßen immer in ihrem Revier.« Er deutete mit seinem Kopf in die Richtung des Tisches, an dem die beiden angeblich immer gesessen hatten.

»Ist sie schon da?«

»Ist schon Abend?«

»Wann kommt sie denn?«

»In einer Stunde etwa.«

Taubert kramte eine Visitenkarte aus den Tiefen seiner Jacketttasche. Sie solle ihn anrufen, sobald sie hier einträfe, sagte Taubert. Sie müsse vermutlich in die Keibelstraße kommen, damit ein subjektives Porträt von dem Türken angefertigt werden könne. »Und Sie halten bitte die Augen auf.«

Der Wirt griente. »Wenn der Türke der Täter und aus Westberlin ist, wird er wohl kaum hierher zurückkommen. So blöd ist doch keiner.«

»Sagen Sie das nicht. Ich bin seit fast zwanzig Jahren bei der MUK – Sie haben ja keine Ahnung, was man da alles erlebt.«

In der Keibelstraße, wo die MUK arbeitete, ließ Taubert gleich nach seiner Rückkehr über den großen Dienstweg Auskunft einholen. Er brauche alle Türken, die gestern zwischen 22 und 24 Uhr über eine Grenzübergangsstelle ausgereist sind. Und wenn er deren Namen hätte, würde er auf dem ganz großen Dienstweg um Amtshilfe bei der Westberliner Polizei nachsuchen. Er war sich ziemlich sicher, dass dies kaum etwas bringen würde. Die Kollegen jenseits des Zaunes entwickelten kaum Eifer, Dienststellen der DDR zu helfen, zumal es keine entsprechenden bilateralen Verträge gab und allenfalls eine Geste des guten Willens war, wenn man einem solchen Ansinnen stattgab. Gleichwohl wollte Taubert auch diesen Weg nicht ungenutzt lassen. Es war doch klar, dass er weder einen verkappten Fluchthelfer noch einen politischen Dissidenten jagte, sondern einen Mörder aus dem Schwulenmilieu. Doch die Uhren in den Westberliner Amtsstuben tickten nun einmal anders, und die Beamten, die unter ihnen saßen, ebenfalls.

So mahlten denn die Mühlen wie erwartet langsam. Wobei Taubert nicht einmal erfuhr, ob sie denn überhaupt mahlten. Er hatte alles auf den Weg gebracht und harrte nun der Dinge, die da kommen würden. Zudem bearbeitete er genügend andere Fälle, so dass der Leerlauf nicht nervte: Er fiel gar nicht auf. Und da es auch kein

Mord war, auf dessen Abschluss politische Stellen drängten – das taten sie mitunter heftig, wenn denn nicht die Staatssicherheit die Ermittlungen führte, was sie ja meist in vergleichbaren Fällen tat –, lagen die Akten still und unberührt im Regal. Man konnte auch sagen: Kein Hahn krähte nach ihnen. Wen interessierte es schon, wenn ein mehr oder minder asozial lebender Mittdreißiger ohne Familie und Verwandte – die schien es wirklich nicht zu geben: kein Mensch erkundigte sich nach Bovino – einfach so abtrat. Er lebte unbekannt, und er starb unbekannt. Seine Reste waren anonym und auf Staatskosten auf dem Städtischen Friedhof in Friedrichsfelde bestattet worden.

So vergingen die Wochen und addierten sich zu Monaten, ohne das irgendetwas geschah. Fast vergaß auch Taubert den Fall, denn als er eines Feierabends dem Ausgang des Polizeipräsidiums zustrebte und ihn der Diensthabende stoppte, weil ihn ein Anrufer dringend zu sprechen wünschte, reagierte er merklich unwirsch, als der sich mit seinem Namen vorstellte und er mit diesem nichts anzufangen wusste.

»Ich bin der Wirt der Schoppenstube, erinnern Sie sich nicht?«

Da erst dämmerte Taubert, dass es ja diesen unaufgeklärten Pseudoschwulenmord noch gab, und er knurrte mürrisch in die Muschel. »Mann, was gibt es denn nach mehr als zwei Monaten, dass Sie mich so dringend zu sprechen wünschen?«

»Der Türke.«

»Was ist mit dem Türken?«

»Der ist hier.«

»Sie scherzen?«

»Keineswegs. Es ist der Türke, der mit Bovino hier gesessen hat. Und jetzt sitzt er wieder hier, an seinem Tisch und trinkt seelenruhig sein Bier.«

»Sind Sie sich sicher, dass es der gleiche Mann ist?«

»Absolut!« Die Stimme klang, als habe Taubert eine Beleidigung ausgesprochen.

»Behalten Sie ihn ihm Auge und sorgen Sie dafür, dass er nicht abhaut. Ich bin in zehn Minuten da!«

Taubert war wie elektrisiert. Über den Kriminaldienst des Präsidiums orderte er eine Funkstreife der VP-Inspektion vor die »Schoppenstube«. »Die Kollegen sollen darauf achten, dass niemand die Gaststätte verlässt, und ansonsten auf mich warten!«

War der mutmaßliche Täter besonders dreist oder besonders dumm, dass er es wagte, dorthin zurückzukehren? Taubert grübelte darüber nach, als er mit seinem Wartburg die belebte Schönhauser hinaufdonnerte, als lieferte er sich mit der gelben U-Bahn auf dem Magistratsschirm ein Wettrennen. Was hatte den Mann veranlasst, wieder in den Osten zu kommen, wo er doch einen Menschen umgebracht hatte?

Sie hatten seine Fingerabdrücke, aber weder seinen Namen noch seine Adresse. Zu viele Türken waren damals in der fraglichen Zeit ausgereist. Würden sie den Täter jetzt, auf dem Territorium der Hauptstadt, stellen, wäre seine Überführung hingegen ein Leichtes.

Vor der Schoppenstube wurde er bereits erwartet. Taubert war in seinem Element: Er konnte Weisungen erteilen. »Die Genossen vom Kriminaldienst Prenzlauer Berg folgen mir in kurzem Abstand ins Lokal, die Funkstreife sichert den Ausgang. Der Gesuchte – ein Türke mit Bart, Anfang 20 – darf uns nicht entkommen. Wir würden ihn dann zwar an der GÜST schnappen, aber da käme er vielleicht erst in die Magdalenenstraße, und diesen Umweg können wir uns sparen, wenn wir ihn hier festnehmen. Alles klar?«

Die Männer nickten. »Zu Befehl.«

»Ausführung.«

Taubert öffnete die Kneipentür und trat ein. Es waberte bereits blauer Zigarettenqualm durch den Schankraum, an nahezu allen Tischen wurde geraucht. Der Wirt hinterm Tresen nickte zum Gruße und deutete mit dem Kopf in den hinteren Teil des Lokals. Tauberts Augen folgten der Bewegung. Doch statt sofort zu dem Tisch zu stürmen, ließ er sich vom Wirt ein Bier zapfen. Der zeigte sich überrascht, ließ aber, wie gewünscht, die Tulpe volllaufen.

Taubert nahm das Glas und bahnte sich einen Weg zwischen Stühlen zum Tisch, an dem der Türke saß.

»'tschuldigung, ist hier noch frei?«

Der junge Mann schaute überrascht auf. Er musterte Taubert, reagierte aber freundlich. »Bitte.«

»Danke«, sagte Taubert. »Ich bin Norbert.«

Cem zögerte einen Moment, reagierte dann aber. »Cem.«

»Sind Sie öfter hier?« Taubert nahm Platz, setzte sofort nach und provozierte damit erkennbar Unmut.

Er wolle nicht unhöflich sein, erklärte Cem, aber wenn er, Norbert, sich unterhalten wolle, wäre es besser, er suche sich einen anderen Tisch oder ginge zum Frisör, ihm stünde der Sinn nicht nach Konversation.

»Schade«, sagte Taubert. »Ich hätte mich gern mit Ihnen über Mirko Bovino unterhalten …«

Das Gesicht seines Gegenübers wurde aschfahl, die Augen, soeben noch groß und dunkel, verengten sich zu Schlitzen. Taubert wusste nun, dass der Richtige vor ihm saß. Der machte Anstalten, sich zu erheben. Der Hauptmann legte sacht seine Hand auf den Unterarm. »Sitzenbleiben.«

Cem gehorchte.

Die Straße, in der das Verbrechen geschah

»Wir gehen zusammen. Wie damals mit ihm.«

»Was passiert jetzt?«

Taubert sagte: »Ich verhafte Sie, wir fahren zum Polizeipräsidium in der Keibelstraße, dort werden Sie vernommen, dann bekommt der Staatsanwalt die Ermittlungsakten und so weiter.«

»In der DDR gibt es noch die Todesstrafe ...«

Taubert nickte. »Sie wird aber seit Jahren nicht mehr vollstreckt. Keine Angst, mein Junge, so schlimm wird es schon nicht kommen.

Die Vernehmung von Cem Ünal bestätigte die Fakten, die die Kriminalisten ermittelt hatten. Und sie förderten auch das Motiv zutage, dass den schwulen Türken zum Mörder hatte werden lassen. Bereitwillig berichtete er ausführlich und detailliert über seine Lebensumstände, fast schien es Taubert, als sei er froh darüber, dass ihm jemand zuhörte. Und Taubert spürte, was er bisher bei Vernehmungen noch nie an sich beobachtet hatte: Mitleid. Natürlich, kein Mord – auch dieser nicht – war gerechtfertigt. Niemand hatte das Recht, einem anderen das Leben zu nehmen. Weder aus emotionalen noch aus anderen Gründen. Schon gar nicht wegen verletzter »Ehre«, von der Ünal fortgesetzt sprach. Diesen diffusen Begriff hielt Taubert für mystisches Geschwafel, für eine Monstranz, die wie ein Schutzschild aufgerichtet wurde und jedes Unrecht deckte. »Heute gilt nicht mehr das Alttestamentarische Aug' um Auge, Zahn um Zahn oder das Gesetz der Scharia, dass man einem Dieb die Hand abhackt oder eine Ehebrecherin steinigt. Wir haben Richter und Gesetze, wir leben in einem Staat, in welchem alle dem gleichen Recht unterworfen sind. Das ist in der DDR nicht anders als in Westberlin. Verstehst du?«

Cem Ünal nickte.

»Aber eines ist mir noch nicht klar: Warum bist du in die Schoppenstube zurückgekommen? Denn das will ich dir verraten: Wenn du nicht dorthin zurückgekehrt wärst, hätten wir dich vermutlich nie gefunden!«

Cem nickte erneut. Er sei geflohen. Am Tag zuvor sei mit großem Pomp seine Verlobung mit Tülay gefeiert worden.

Das Gericht folgte dem Antrag der Staatsanwalt-schaft und verurteilte Cem Ünal wegen Totschlags zu einer Freiheitsstrafe von zehn Jahren.

Sie dauerte noch an, als am 9. November 1989 die Grenze verschwand, über die Cem Ünal bis zu seiner Verhaftung regelmäßig gewechselt war. Die damals amtierende Kohl-Regierung, bei den gesamtdeutschen Wahlen 1990 bestätigt, konnte sich nicht entschließen, den § 175 zu streichen, der letzte DDR-Ministerpräsident de Maizière verhin-derte aber immerhin, dass dieser Paragraf im soge-nannten Beitrittsgebiet wieder eingeführt wurde. So galt denn auch ohne Mauer in Berlin für Ho-mosexuelle bis 1994 zweierlei Recht, bis durch eine Novellierung die DDR-Regelung gesamtdeutsches Recht wurde. Das aber merkte keiner.

Aus politisch-ideologischen Gründen jedoch wurden alle in der DDR gefällten Urteile von westdeutschen bzw. Westberliner Richtern über-prüft. Auch das gegen Cem Ünal.

Das Gericht befand nun, dass es sich nicht um einen Totschlag gehandelt habe, sondern um eine »Überschreitung der Notwehr (Notwehrexzess)«, und reduzierte die Haftstrafe auf zwei Jahre.

Da er diese Zeit bereits in einem DDR-Gefäng-nis abgesessen hatte, kam Cem Ünal umgehend frei.

Diese Entscheidung verstand nur, wer die poli-tische Entwicklung und deren Wesen seit der Wie-dervereinigung durchschaute.

Verschwundener Schinkel

Hinter Delikten, die mit Kunst in Zusammen-
hang stehen, stecken meist große Geschichten.
Es braucht findige Ermittler, um den Tricks und
Betrügereien von Kunstdieben, und schlimmer
noch, von Kunstfälschern auf die Schliche zu
kommen. 1986 erregte der Diebstahl eines Schinkel-Gemäldes in Berlin nicht nur die Gemüter der
bestohlenen Personen – es entspann sich auch ein
Kriminalfall, der zwischen Ost- und Westberlin
die Telefondrähte heiß werden ließ. Noch immer
ist nicht jedes Detail dazu aufgeklärt und wird es
vermutlich auch nie werden.

Ihren Anfang nahm die Geschichte um 1960.

Dr. Alfried Manzik, ein gut situierter Wissenschaftler aus Berlin-Adlershof, gab sich seit Ende
des Kriegs einer Leidenschaft hin: Kunst, Antiquitäten und Porzellan. Seine Frau Roberta war
kinderlos geblieben, und so floss alles Geld in eben
dieses Hobby. Ihre geräumige Wohnung glich ei-

nem gut ausgestatteten Museum. Manzik verließ sich beim Kauf auf das Urteil eines Kunstsachverständigen. Dieser Dr. Hartmuth Röper begutachtete nicht nur, sondern gab auch Hinweise auf besonders lohnende Objekte. So einmal auf ein interessantes, wertvolles Gemälde, das zum Verkauf stünde und auf das Manzik einmal ein Auge werfen sollte. Das war zu Beginn der 60er Jahre.

Röper, das wusste Manzik jedoch nicht, war kein unbeschriebenes Blatt. Die Justiz hatte ihn schon einmal wegen Spekulationen mit Kunstgegenständen verurteilt, er war vorbestraft. Dabei handelte es sich gewiss um keinen »Ausrutscher«, er verkehrte in jener Grauzone, die zwischen staatlichem Kunsthandel und privater Geschäftlhuberei und Spekulation klaffte. Röper pflegte darum Kontakt zu Otto Wacker, einem in Kennerkreisen geschätzten Kunstmaler und -händler. Von diesem, so Röper zu Manzik, habe er den Hinweis auf das Gemälde erhalten, das sich gewiss sehr gut in Manziks Sammlung einfügen würde.

Das Gemälde zeigte den Vorplatz eines antiken Tores mit Bäumen und war von keinem Geringeren als Karl Friedrich Schinkel. Der im 18. Jahrhundert geborene Architekt, Stadtplaner und Maler hat den preußischen Klassizismus entscheidend mitgeprägt und seine Spuren im gesamten Königreich Preußen hinterlassen. Das lag daran, dass Schinkel in seiner Funktion als Leiter der

Kunstfälscher Otto Wacker vor Gericht

Oberbaudeputation eine Revisionsabteilung unterstand, die fast alle staatlichen Bauvorhaben im Königreich prüfte. Zudem war Schinkel auch als Oberlandesbaudirektor und Architekt des Königs tätig. Schinkels Arbeiten waren nicht nur bei Hofe geschätzt, mehrere Generationen von Architekten folgten seinen gestalterischen Prinzipien und setzten sie fort. Und je länger er tot war, desto größer sein Ruhm. Insofern muss ergänzt werden, dass der Name »Schinkel« zu Beginn der 6oer Jahre in der DDR noch nicht jenen überirdischen Glanz besaß, der heute von ihm ausgeht. Heute kennt ihn fast jeder, damals war er allenfalls unter Fachleuten populär.

Als Manzik das Bild bei Wacker sah, wollte er es sofort erwerben. Wacker verkaufte es ihm. Der Preis ist bis heute unbekannt.

Otto Wacker, das muss an dieser Stelle unbedingt eingefügt werden, war in der Weimarer Zeit als Kunstfälscher überführt und verurteilt worden. Mindestens dreißig van Goghs gingen auf sein Konto. Wacker und auch sein Bruder, der ihm beim Fälschen behilflich war, hatten das Talent ihres Vaters Hans Wacker geerbt, der ein solider Kunstmaler war. 1927 gründeten die Brüder die »Kunstgalerie Otto Wacker« in der vornehmen Viktoriastraße in Berlin. Sie wurde in Sachen van Gogh alsbald zu einer der ersten Adressen für Sammler und Spezialisten. Bereits bei der Eröffnung waren seltene und nie gezeigte Originale des niederländischen Meisters zu sehen, die aus fürstlichem Besitz stammten und beträchtliche Summen einspielten. Zertifiziert hatte sie der holländische Kunsthistoriker Dr. Jacob-Baart de la Faille, der sich aber irgendwann aus diesem Geschäft zurückzog, weil er bei keinem Werk die Vorbesitzer ermitteln konnte. Als die Fälschungen schließlich aufflogen, wurde Wacker zu drei Jahre Haft verurteilt, die er bis 1935 absaß. Das Verfahren schlug in den Kreisen der feinen Gesellschaft so hohe Wellen wie im einschlägigen Kunstbetrieb.

Nach dem Krieg gab Wacker das Geschäft mit der Kunst auf. Die Menschen wollten echte Schinken, keine in Öl und auf Leinwand. Allerdings ist es ein bis dato ungelöstes Geheimnis, ob Wacker damals den Pinsel wirklich und für alle Zeit aus der Hand legte.

Soweit die Vorgeschichte.

In der DDR entwickelte sich im Laufe der Jahrzehnte ein veritabler Trödel- und Antiquitätenmarkt, der im Wesentlichen in den Kleinanzeigen der Bezirkszeitungen abgewickelt wurde. Meist handelte es sich um Restposten aus Haushaltsauflösungen, mit denen die Erben nichts anfangen konnten oder die sie zu versilbern hofften. Auf der anderen Seite gab es dafür reichlich Interessenten, etwa Studenten und junge Eheleute, die preiswertes Mobiliar oder einen gebrauchten Fernseher suchten. Nicht wenige jedoch durchforsteten systematisch die Anzeigenspalten gleichsam wie Trüffelschweine: Sie suchten nach Offerten, aus denen mehr zu machen war. Dann kauften sie und verscherbelten die Sachen zu einem höheren Preis. Die Rendite war mitunter beachtlich, wenn sie an Anbieter gerieten, die keine Ahnung hatten, was die Uhr, der Kupferstich, die Münzen oder das Möbelstück tatsächlich wert waren.

Zu jenen »Schatzsuchern« gehört auch René Bäßler, ein Glas- und Gebäudereiniger aus Berlin. Zu seiner Lieblingslektüre gehört die *BZ am Abend*, die er sich, wie die meisten Berliner, nach der Arbeit für einen Groschen kauft, bevor er in die U- oder S-Bahn steigt. Die acht Seiten reichen gerade einmal bis daheim, dann fliegt das ausgelesene Herzblatt des Berliners an der Haltestelle in den Papierkorb.

Bäßler studiert ohnehin nur die Annoncen, alles andere interessiert ihn nicht. In der PGH, bei der er beschäftigt ist, bekommt er nach seinem Empfinden ohnehin genug Rotlicht. Da muss er damit nicht auch noch in seiner Freizeit weitermachen.

Es ist Dezember, Dezember 1985, die Menschen versinken in ihren Mänteln und wickeln sich in ihre Jacken, es ist trübes, nasskaltes Winterwetter, wie es in Berlin typisch ist. Niemand hat einen Blick für den Nachbarn in der Bahn. Viele lesen Zeitung, manche in einem Buch, die anderen schauen in die Dunkelheit. So kurz vor Weihnachten ist es gegen 17 Uhr schon finster. Bäßler studiert wie üblich die Kleinanzeigen.

Gut erhaltene Herrentaschenuhr zu verkaufen, liest er, hervorragender Zustand, Goldgehäuse. Preis VB. Das heißt »Verhandlungsbasis«. Bäßler kreist diese Annonce ein. Alles andere ist in seinen Augen nur Schrott. Ein alter Plattenspieler, ein Briefmarkenalbum, wertlose Haushaltsgegenstände.

Bäßler beschließt, gleich zu der angegebenen Adresse in Adlershof weiterzufahren. Wer zuerst kommt, mahlt zuerst, sagt er sich, denn es ist nicht auszuschließen, dass sich unter den zehntausenden Lesern der *BZ am Abend* auch andere für eine gepflegte Taschenuhr mit Goldgehäuse interessieren.

Das Haus in der Waldstraße ist leicht zu finden, Bäßler tritt in den Hausflur und studiert den Stummen Portier. Aha, Dr. Alfried Manzik, 1. Etage. Er stapft die Treppe mit dem abgewetzten Linoleum hinauf, die besten Zeiten des Hauses scheinen geraume Zeit zurückzuliegen. Er weiß dies aus seiner Tätigkeit als Gebäudereiniger. Mit den Mieten von 1937 kann die Kommunale Wohnungsverwaltung, die die meisten Häuser besitzt, kaum eine grundlegende Sanierung vornehmen. Die ist aber in den alten Kästen, welche in der Regel aus der Zeit vor dem Ersten Weltkrieg stammen, dringend nötig. Nach dem Zweiten wurden sie nur instandgesetzt und wieder bewohnbar gemacht. Seither ist dort nicht viel passiert.

Eine kleine, rundliche Dame mit weißem Haar öffnet auf sein Klingeln.

»Guten Tag. Mein Name ist Bäßler, ich komme wegen der Anzeige ...«

»Ach, das ist aber nett. Ich dachte schon, dass ich sie nicht mehr loswürde. Wissen Sie, sie gehörte meinem Mann. Der ist nun schon einige Jahre tot, und irgendwann muss ich mich ja von dem Zeug trennen. Wir haben nämlich keine Kinder, denen ich das hinterlassen kann.« Die Frau plappert munter drauflos, Bäßler spürt, dass sie selten Besuch hat. Solche Menschen sind für jede Abwechslung dankbar.

»Ja, könnte ich das gute Stück vielleicht einmal sehen ...?«

»Oh, entschuldigen Sie. Natürlich. Kommen Sie bitte herein.« Die Frau schüttelt den Kopf, als zeihe sie sich der Unhöflichkeit. »Treten Sie ruhig ein. Ich gehe, wenn Sie gestatten, voran.«

»Sie kennen sich hier gewiss besser aus, als ich«, lacht Bäßler und folgt ihr durch den Korridor ins Wohnzimmer.

»Nehmen Sie bitte Platz.« Sie weist auf einen Ledersessel, der zu einer Garnitur gehört. Bäßler lässt den Blick schweifen. Klassisches Herrenzimmer in dunkler Eiche, er kennt sich damit aus. Standuhr, Bücherschrank, Schreibtisch, Vitrine, Kronleuchter – alles sehr gediegen. Er setzt sich auf den vorderen Teil des Sessels, nicht besitzergreifend auf die ganze Fläche.

Die alte Dame zieht das Schubfach an der Anrichte auf und holt an der Kette eine Taschenuhr heraus.

»Hier, das ist das gute Stück. Mein Mann hat sie nur selten getragen.« Sie reicht Bäßler die Uhr.

Der interessiert sich nur für eines. Er klappt den rückwärtigen Deckel auf und musterte ihn aufmerksam. Da, dort ist der kleine Prägestempel, der die Ziffer 585 zeigt.

»Die Uhr funktioniert?«, erkundigt er sich, als wenn dies die einzige Frage sei, die ihn beschäftigt. Tatsächlich ist ihm das eigentlich egal. Das Gehäuse ist aus Gold, das bringt den Schotter, und wenn es eine Uhr mit Traditionsnamen ist, findet sich immer ein Sammler, der auch dafür zu zahlen bereit ist, selbst wenn das Uhrwerk hinüber ist. Deutsche Wertarbeit lässt sich immer reparieren.

»An wie viel hatten Sie denn so gedacht?«

Die Frau antwortend zögernd, fast fragend. »Vierhundertfünfzig Mark.«

Da Bäßler, der ein kaufmännischer Profi ist, nicht reagiert, fragt sie vorsichtig nach. »Oder ist das zu viel?«

Bäßler weiß, dass das nicht zu viel ist, er wird dafür gut und gerne das Doppelte bekommen. Doch er wäre ein schlechter Händler, wenn er sich auf das erste Gebot einließe. Darum schweigt er auch jetzt.

»Darf ich Ihnen eine Tasse Kaffee anbieten?« Frau Manzik will die peinliche Stille beenden.

»Ja, gern«, sagt Bäßler, den Blick unverändert auf die Uhr gerichtet, die er noch immer in seinen Händen dreht.

»Ich lasse Sie einen Moment allein. Sie können es sich in Ruhe überlegen, nicht wahr? Wir werden uns bestimmt einig werden.« Die Dame verlässt lautlos das Zimmer, ohne die Tür zu schließen. So hört Bäßler sie denn alsbald in der Küche hantieren.

Er ist sich ziemlich sicher, dass er sich mit ihr einigen wird. Sie will verkaufen, vermutlich braucht sie das Geld. So wie sie aussieht, ist sie nie einer geregelten Arbeit nachgegangen. Sie wird darum nur die staatliche Mindestrente bekommen. Die reicht zwar zum Leben, aber es ist nicht mehr das Leben, dass sie als »Frau Doktor« gewohnt war. Um sich die Feiertage ein wenig üppiger zu gestalten, braucht sie gewiss einen Zuschuss. Bäßler kombiniert. Er weiß, dass er jetzt um das Weihnachtsgeld der alten Dame feilscht. Als Egoist, der er ist, sagt er sich: Ich habe nichts zu verschenken.

Sein Blick wandert durchs Zimmer. Die Wände sind geradezu gepflastert mit gerahmten Gemälden und Stichen, kaum ein Quadratzentimeter vergilbte Tapete ist noch zu sehen. Damit kennt er sich nun gar nicht aus, er ist auf reale Sachen aus, nicht auf solchen Kunstscheiß. Aber manche goldenen Rahmen sind geschnörkelt und schwer, das sieht teuer und echt aus. Damit ließe sich bestimmt etwas herausschlagen.

Auch dieses Beistelltischchen am Fenster, in das mit weißem Elfenbein ein Schachbrett eingearbeitet ist. Die Figuren befinden sich bestimmt im Schubfach, es würde sich gut verkaufen. Nicht zu reden von dem Porzellan in der Vitrine. Er tippt auf Meißen oder KPM. Vorkriegsware natürlich.

»So, hier bin ich«, sagt die Dame und reißt Bäßler aus seinen hochfliegenden Gedanken. »Haben Sie es sich überlegt?«

Sie stellt zwei dünnwandige Sammeltassen mit Goldrand und bunten Verzierungen auf den Tisch, ein Zuckerdöschen und eine Milchkanne. »Sie bedienen sich bitte selbst.«

Bäßler gießt sich Sahne in die Tasse und nimmt den Löffel zum Umrühren in die Hand. Schweres Silber, das spürt er sofort. Kein billiger Stahl. Er rührt geraume Zeit in der Tasse und nippt schließlich daran. Der Kaffee ist extrem heiß.

»Ich möchte die Uhr nicht kaufen«, sagt er und setzt die Tasse ab.

»Warum nicht? Sind Ihnen 450 Mark zu viel? Ich kann ja um 20 Mark runtergehen …«

Bäßler schüttelt den Kopf. »Das ist es nicht. Ich meine, dass sie ein sehr persönliches Erinnerungsstück ist. Sie sollten die Uhr behalten. Ich bekäme ein schlechtes Gewissen, wenn ich sie kaufen würde.«

Über das Gesicht der alten Dame huschte ein Lächeln. »Diese Skrupel müssen Sie nicht haben. Damit habe ich abgeschlossen. Ich werde die Uhr auf jeden Fall verkaufen. Entweder an Sie – oder an jemanden anders.«

»Nein, wirklich …« Bäßler zögert, aber er hat sich bereits anders orientiert. »Das Porzellan-Service, das Sie da in Ihrer Vitrine zu stehen haben, scheint mir weniger emotional belastet.«

»Ah, das gute Meißner!« Frau Manzik erhebt sich, öffnet die Glastür und nimmt eine Untertasse, die sie vorsichtig Bäßler reicht. »Sie haben Geschmack.«

Bäßler dreht den Porzellanteller, auf der Unterseite sind zwei gekreuzte Schwerter in Blau zu sehen.

»Das Service hat mein Mann über einen Antiquitätenhändler bezogen. Es stammt aus dem Jahr 1760 und ist vollständig und ohne jeden Kratzer. Wir haben es nie benutzt. Nur angeschaut.«

In Bäßler ist der Jagdtrieb erwacht. Damit ließen sich gewiss einige tausend Mark machen.

»Sagen Sie, was Sie dafür haben wollen. Ich würde das gern meiner Oma zu Weihnachten schenken.« Bäßler macht ein unschuldiges Enkel-Gesicht.

Die alte Dame lacht kurz auf. »Ich fürchte, dass ich Sie enttäuschen muss. Davon möchte ich mich nun ganz und gar nicht trennen, an dem Service hänge ich weitaus stärker als an dieser Uhr. Außerdem weiß ich nicht, was es heute wert ist … Nein, kommt nicht in Frage, Herr, Herr …«

»Bäßler«, hilft ihr Bäßler weiter.

»Herr Bäßler, tut mir leid: Aus einem solchen Geschäft wird nichts.«

Bäßler nickt verständnisvoll.

»Und was ist mit diesem Frauenbild da?« Er weist mit dem Finger auf das Aktgemälde an der Wand.

»Das ist ein echter Stöhr«, entgegnet sie lächelnd und hebt den Zeigefinger. »Ich hoffe, Sie interessiert nicht nur das Motiv.«

Bäßler lacht. »Keineswegs. Aber ich finde, das ist ein tolles Bild.«

Noch immer wird die alte Dame nicht misstrauisch. Da kommt einer aufgrund ihrer Zeitungsanzeige ins Haus, um eine Uhr zu kaufen. Dann will er die nicht, weil – angeblich – zu viele persönliche Erinnerungen daran haften. Stattdessen möchte er das 36-teilige Porzellanservice aus Meißen erwerben. Und weil er dies nicht bekommen kann, schwenkt er um auf ein Gemälde. Eigentlich müsste sie jetzt sagen: Mein Herr, ich bin kein Warenhaus, in welchem alles, was zu sehen ist, auch zum Verkauf steht! Doch Frau Manzik ist unbedarft und leutselig, Argwohn und Misstrauen sind ihr fremd. Und darum reagiert sie auf Bäßlers Frage, wie viel sie für dieses Bild haben wolle, nicht ablehnend, sondern ausweichend.

»Also, ich weiß nicht, das kommt jetzt sehr überraschend. Darüber habe ich mir bislang keine Gedanken gemacht.«

Bäßler nickt ihr aufmunternd zu.

»Das ist ein Original.«

Er lacht. »Davon gehe ich aus.«

»Ich meine, der Ernst Stöhr, einer der Wiener Sezessionisten, ist allemal fünftausend Mark wert …«

Bäßler verschluckt sich am Kaffee und setzt die Tasse ab. In dieser Größenordnung hat er noch nie Geschäfte gemacht. So viel hat er nicht mal auf seinem Sparbuch.

Er schüttelt den Kopf. »Fünftausend Mark habe ich gerade nicht dabei.«

Frau Manzik lächelt noch immer ihr sympathisches Altfrauen-Lächeln. Ohne Arg blinzelt sie durch ihre Gläser. »Tja, da kommen wir wohl nicht miteinander ins Geschäft.« Und nach einer Weile ergänzt sie: »Auch nicht mit der Uhr? Ich sagte doch, dass ich nicht an ihr hänge.«

»Auch nicht mit der Uhr. Ich habe da meine Prinzipien«, heuchelt Bäßler und erhebt sich. »Aber mit dem Bild ... Das lasse ich mir noch einmal durch den Kopf gehen. Wenn Sie damit einverstanden sind, werde ich mich wieder bei Ihnen melden.«

»Aber gern, junge Mann«, sagt die freundliche Witwe und geleitet Bäßler zur Tür. »Auf Wiedersehen und ein angenehmes Weihnachtsfest.«

Nach etwa drei Monaten, es ist Samstag, steckt René Bäßler die Nase aus seinem Fenster in der Buschallee in Weißensee. Es riecht nach Frühling, und in seiner Geldbörse herrscht Ebbe. Die Geschäfte in den letzten Wochen liefen schleppend, um nicht zu sagen schlecht. Hier ein altes Möbelstück, dort ein paar Münzen. Nicht der Rede wert.

Der Traum vom großen Fischzug ist noch immer nicht ausgeträumt.

Vielleicht sollte er ja doch seinen »Geschäftsbereich« ausdehnen? Unlängst traf er wieder seinen Bekannten aus Westberlin. Zufällig begegnete er ihm auf dem Alexanderplatz. Ihre Bekanntschaft war älteren Datums. Ab und an gab er Wernig ein paar alte Silbermünzen, und dafür kaufte der Westberliner ihm im Intershop in der Zille-Passage eine Stange HB. Das war ein ehrliches Geschäft auf Gegenseitigkeit, von dem jeder profitierte. Bäßler war davon überzeugt, dass der für die Münzen, die er durch die Mauer trug, drüben wesentlich mehr bekam, als ihn die Zigaretten in Ostberlin gekostet hatten. Aber sei's drum.

Vielleicht ließe sich der Westberliner auch einmal für etwas Größeres gewinnen?

Aber vor allem reizt ihn unverändert das Kaffeeservice der Manzik. Bäßler beschließt, seine Großmutter einzuweihen. Sie war schon an manchem Geschäft beteiligt, hatte ihm Tipps gegeben, wo etwas abzustauben war, und beide hatten anschließend den Gewinn geteilt. Das ist nichts Unlauteres, alles ganz legal und normal in der DDR in den 8oer Jahren.

Er schwingt sich auf sein Rad und fährt in die Schrebergartensiedlung, in der seine Großeltern eine massive Laube haben, seit er denken kann. Opa ist schon lange tot, aber die Oma ist unverändert von Frühling bis Spätherbst im Garten. Sobald die Temperaturen dauerhaft über Null liegen und das erste Grün sprießt, zieht sie aus der Stadtwohnung hinaus in die Natur. Bäßler ist sich sicher, sie heute dort anzutreffen.

Er soll sich nicht geirrt haben.

Wenige Minuten später lehnt der Dreißigjährige das Fahrrad an den Gartenzaun.

»Na, Jungchen, das ist aber schön, dass du dich mal wieder blicken lässt.«

Die Großmutter, inzwischen auf die siebzig zugehend, nimmt ihn in den Arm wie immer, wobei sie sich dabei auf die Zehenspitzen stellen muss. »Als hätte ich es geahnt. Ich habe nämlich gebacken.«

Dann sitzen sie, in wärmende Sachen gehüllt, auf der Terrasse bei Kaffee und Kuchen und verfolgen das Zwitschern der Meisen und das Scharren der Amseln im trockenen Blattwerk unter der Buchenhecke. Die Sonne hat noch keine Kraft, sagt die Oma, aber das wird schon noch. Zwei, drei Wochen, wirst sehen, dann platzen die Knospen und das Gras schießt aus dem Boden, dass ich bald das erste Mal mähen muss.

»Mir hat eine Frau in Adlershof ein Meißner Service angeboten«, beginnt Bäßler zwischen zwei Kuchenstücken. »Komplett und mit Schwertern. Soll von 1760 sein. Sagt sie.«

Die Großmutter ist im Zweifel. »Ehe du dich

linken lässt, frag den Werner Klüter. Der kennt sich damit aus. Bevor du kaufst, lass dir ein Teil geben und zeig es ihm. Du weißt, wo er wohnt?«

Bäßler nickt. »Wir waren doch schon mal gemeinsam dort.«

»Stimmt, ich erinnere mich. Das war doch damals wegen dem Nippes, der angeblich auch aus Meißen kam. Dabei war's nur Tinnef. Du solltest also ein gebranntes Kind sein und das Feuer scheuen.«

»Ich habe doch die Schwerter gesehen.«

Die Großmutter winkt ab. »Ich sah schon Pferde vor der Apotheke kotzen …«

»Bei der ist noch mehr zu holen. Gemälde, Möbel, Antiquitäten ohne Ende.«

Umso wichtiger sei es, dass er einen guten Eindruck mache, lächelt die Großmutter.

»Und falls du Spielgeld brauchst: Ich kann was vorstrecken.«

Bäßler nimmt sie in die Arme und küsst sie zum Abschied. »Du bist die Beste!«

Wenig später klingelt Bäßler in Adlershof. Frau Manzik öffnet und erkennt ihn auch wieder. »Ach, der Herr Bäßler …«

»Oh«, sagt er froh, »Sie erkennen mich noch, obwohl ich die Taschenuhr nicht gekauft habe.«

Sie kichert wie ein junges Mädchen.

»Ich bin sie schon am nächsten Tag losgeworden. Sogar für fünfhundert Mark. Als ich dem Herrn – er war so in Ihrem Alter – sagte, dass schon mal einer da war und wiederkommen wollte, hat er gleich noch fünfzig Mark draufgelegt. Vielleicht war es ganz gut so, dass wir nicht handelseinig geworden sind.«

Sie tritt beiseite und fordert ihn auf einzutreten. »Trinken wir zusammen eine Tasse Kaffee?«

»Warum nicht? Ich habe zwar vor einer Stunde erst bei meiner Oma im Garten gesessen ... Aber mit Ihnen trinke ich gern noch eine.«

Wenig später sitzen beide wieder im Herrenzimmer bei Kaffee und Gebäck.

»So, Herr Bäßler, was treibt Sie zu mir? Es wird doch nicht Sehnsucht gewesen sein.« Sie lacht.

Bäßler knetet die Hände und beginnt stotternd. Das ist ungewöhnlich, sonst tritt er stets selbstbewusst auf. Aber dies macht ihn der alten Dame sympathisch.

»Ich weiß ja, dass Sie Ihr Service eigentlich nicht verkaufen möchten ... Aber vielleicht wären Sie einverstanden, wenn ich es einem Sachverständigen zeigte? Dann wüssten Sie, was es wert ist, und ich könnte Ihnen ein angemessenes Angebot machen?«

Bäßler lächelt die Dame freundlich an. »Es könnte ja sein, dass die Offerte so gut ausfällt, dass Sie eventuell doch weich werden.«

Frau Manzik legt noch mehr Falten in die Stirn,

als dort ohnehin beheimatet sind. »Ich weiß nicht so recht … Ach, was soll's. Ich vertraue Ihnen, junger Mann.« Sie erhebt sich und geht zur Vitrine. »Ich gebe Ihnen eine Tasse, eine Untertasse und das Zuckerdöschen mit. Und Sie bringen mir dafür die Expertise Ihres Fachmannes.« Sie stellt die drei Teile auf den Tisch. »Wie lange, meinen Sie, wird der brauchen?«

Bäßler zieht die Schultern nach oben. Das könne ganz rasch gehen oder ein paar Wochen dauern. Das hänge ganz von den Recherchen ab, die er anstellen müsse. Wenn, wie es heiße, das Service von 1760 sei, wäre es in den einschlägigen Registern verzeichnet, dann müsse man noch den Zustand und die Vollständigkeit berücksichtigen. »Das dauert manchmal.«

Er könne ihr auch eine Quittung geben.

Die alte Dame lächelt. Das müsse nicht sein. Sie sei davon überzeugt, dass er wiederkäme.

»Da können Sie sicher sein«, sagt Bäßler und legt nach. Er würde, wenn sie es erlaube, dann auch gern einen Kunstsachverständigen mitbringen, der sich einmal die Gemälde anschaut.

»Meinen Sie, dass das nötig ist?« Der Widerstand ist halbherzig.

»Nötig ganz gewiss nicht. Aber wäre ich an Ihrer Stelle, wüsste ich schon gern, welche Schätze bei mir an der Wand hängen. Das ist doch auch für die Hausratsversicherung von Bedeutung.«

Die alte Dame scheint sich in ihr Schicksal zu fügen. »Na, machen Sie, wie Sie denken. Ich bin damit einverstanden. – So, dann will ich mal das Porzellan sorgfältig einpacken, damit es beim Transport nicht kaputtgeht.«

»Weißes Gold, ich weiß.« Bäßler schickt einen verständnisvollen Blick in ihre Richtung.

»Ich schaue mir, wenn Sie erlauben, Ihre Bilder an, solange Sie das Geschirr einpacken«, sagt Bäßler und erhebt sich aus dem Ledersessel.

»Tun Sie sich keinen Zwang an«, lächelt die alte Dame und trägt das Porzellan hinaus.

Anfang April steht Bäßler wieder vor der Tür in Adlershof. Mit dem Porzellan, dem Gutachten und einem Mann, der sich als Erich Kruschke vorstellt. Das sei der Kunstsachverständige, sagt Bäßler, der sich die Gemälde anschauen möchte.

Frau Manzik gibt sich erfreut. Dabei ist unklar, ob die Freude dem Wiedersehen mit Bäßler oder dem mit ihrem Porzellan gilt. Egal, es gibt den obligatorischen Kaffee im Herrenzimmer und die Erlaubnis für Kruschke, die Gemälde in der Wohnung in Ruhe zu besichtigen.

Als Kruschke das Zimmer verlässt, erkundigt sich Frau Manzik nach dem Gutachten. Inzwischen sind die drei Teile wieder in der Vitrine verstaut.

Bäßler hat ein Papier mit Stempel von Klüter, es sieht richtig amtlich aus.

»Tja, Frau Manzik, da haben Sie einen richtigen Schatz. Der Gutachter meint, Sie können dafür bis zu siebentausend Mark verlangen …«

Die Zahl liegt auf dem Tisch. Für Bäßler ein tonnenschweres Gewicht. Das kann er nicht stemmen. Ein solches Service unter der Hand an den Mann zu bringen, ist kaum möglich. Das ist ihm eine Nummer zu groß. Und sein Westberliner Spezi dürfte allein schon daran scheitern, das Geschirr durch die Grenzkontrolle zu bringen. Nähme er es komplett mit, machte er sich mit der Kiste verdächtig, der DDR-Zoll dürfte die Überführung verhindern. Reiste er mit einzelnen Stücken, müsste er so oft kommen, dass ihn am Ende der Zwangsumtausch teurer käme als das ganze Geschirr. Alles absurd … Sonst kennt Bäßler keinen, dem er das Porzellan anbieten könnte. Also bleibt nur die Absage.

»Sind Sie noch immer interessiert?« Die Frage nimmt die Antwort vorweg, Frau Manzik stellt sie allenfalls aus Höflichkeit. Bäßlers Absage überrascht sie nicht – und stimmt sie nicht unfroh. Ihr Herz hängt so sehr an diesem Porzellan, dass sie es für kein Geld der Welt hergeben möchte.

»Ich schau mal nach Herrn Kruschke«, sagt Bäßler. Das ist unhöflich, aber er will den Blicken der alten Dame entkommen. Es ist ihm irgendwie peinlich, erst eine solche Welle gemacht zu haben und nun den Schwanz einziehen zu müssen.

Kruschke steht im Korridor und macht sich Notizen. Als er Bäßler gewahr wird, raunt er mit gedämpfter Stimme. »Mein lieber Scholli, hier hängt vielleicht was herum. Sogar ein echter Schinkel!«

Bäßler hat den Namen schon mal gehört, kann damit aber nichts anfangen. Trotzdem fragt er: »Wo?«

Kruschke weist mit dem Stift über seine rechte Schulter. »Da.«

»Dieses kleine Bild mit dem Platz und dem Tor …?«

»Das ist ein Portal.«

»Okay. Mit dem Portal und den Bäumen. Das soll ein echter Schinkel sein? Wo steht das?«

»Siehst du das Signum nicht?«

»Kann ich nicht lesen.«

Kruschke schüttelt den Kopf. »Da unten steht's.« Ehrfürchtig zeigt er mit dem Stift auf ein paar Krakel. Bäßler nickt, obwohl er nichts entziffern kann. In seinem Kopf aber rattert es.

»Ist das viel wert? Ich meine, so groß ist das Bild ja nicht.«

»Mensch, Gemälde werden nicht nach Größe bezahlt.«

»Also, wie viel?«

»Keine Ahnung. Da muss ich erst mal schauen, ob es überhaupt katalogisiert ist. Und wenn es ein unbekanntes, also nirgendwo gelistetes Gemälde von Schinkel ist, müssen richtige Experten ran, die es genau untersuchen: Alter, Farbe, Pinselführung und so weiter. Das wäre eine Sensation. Denn eigentlich ist alles erfasst, was Schinkel hinterlassen hat.«

Das aber wäre großes Theater und wenig geeignet für sein kleines Geschäft, dessen ist sich Bäßler sicher. Also besser nicht dran rühren.

»Und sonst?«

»Sagte ich doch schon. Hier hängen richtig große, teure Kunstwerke. Über den Daumen gepeilt, also ganz oberflächlich geschätzt, Bilder im Gesamtwert von etwa einer Viertelmillion. Bei einer Versteigerung käme vermutlich das Doppelte und mehr heraus.«

Bäßler pfeift durch die Zähne. »Meine Fresse.«

»Das müsste man aber im Detail ermitteln, ich habe jetzt nur Pi mal Daumen geschätzt.«

»Sie hat mir einen Stöhr angeboten.«

»Habe ich nicht gesehen.«

»Dieses Frauenbild im Herrenzimmer.«

»Ach, du meinst den Akt?«

»Hm.«

»Wie viel will sie dafür haben?«

»Sie sagt, sie hätten es damals bei einem Antiquitätenhändler für fünftausend bekommen, die will sie wieder haben. Ist es das Bild wert?«

»Ich denke, dafür kriegst du heute das Dreifache. Immer vorausgesetzt, du findest einen, der Ernst Stöhr kennt und bereit ist, diesen Preis auch zu zahlen. Beim Staatlichen Kunsthandel bekommst du das jedenfalls nicht.«

Inzwischen ist Frau Manzik in den Flur getreten. »Sie sprechen gerade über den Stöhr. Herr Bäßler, ich bin bereit, Ihnen entgegenzukommen und würde fünfhundert Mark nachlassen.« Sie lächelt ihn freundlich an.

Bäßler wirkt ein wenig irritiert und schaut zu Kruschke, der senkt die Augenlider, was er als Zustimmung deutet.

»Oh, Frau Manzik, da machen Sie mir aber eine Riesenfreude, wirklich.«

»Sehen Sie, so schnell kann man sich einigen.« Und an Kruschke gewandt, erkundigt sie sich, zu welchem Urteil er gekommen sei. Der wiederholt im Wesentlichen das, was er Bäßler bereits erzählt hat, setzt aber die Summe erheblich niedriger an und verschweigt den Schinkel.

»Wissen Sie, Frau Manzik«, endet er schließlich, »der Wert eines Kunstwerkes liegt immer im Auge des Betrachters, es ist in erster Linie ein ideeller Wert. Aber es gibt auch einen Kunstmarkt, auf dem Angebot und Nachfrage den Preis bestimmen. Die Zahl der Bilder eines gefragten toten Künstlers ist objektiv begrenzt, da kommen keine weiteren hinzu. Also steigt der Wert des einzelnen Bildes über die Jahre immens. In der DDR existiert in diesem Sinne kein Kunstmarkt. Der Staatliche Kunsthandel legt die Preise für zeitgenössische Kunst fest, und alte Meister werden nicht verkauft. Wenn Privat an Privat verkauft, verständigen sich die beiden direkt. Der Verkäufer macht ein Angebot, und der Interessent ist bereit, den Betrag zu zahlen, weil ihm das Kunstwerk so viel wert ist, dann geht das in Ordnung. Und wenn nicht, hat es sich erledigt. So funktioniert der Markt. Sie hätten beispielsweise für den Stöhr fünfzehntausend Mark fordern können. Der Mann ist tot, hat sich, glaube ich, 1917 aufgehängt. Mit Klimt, Moser, Moll und anderen hat er um die Jahrhundertwende die Vereinigung Bildender Künstler, eben die Wiener Sezession, gegründet, er hat inzwischen seinen Marktwert …«

Bäßler räuspert sich vernehmlich. Kruschke quittiert die Reaktion mit einem Grinsen und registriert zugleich die anerkennenden Blicke von Frau Manzik.

»Also mal angenommen, Frau Manzik, Sie hätten Herrn Bäßler erklärt, dass Sie ihm das Bild nur für fünfzehntausend ließen, weil es Ihnen so viel wert ist. Dann würde Herr Bäßler überlegen, ob er bereit wäre, so viel für das Bild auch zu zahlen. Vermutlich nicht. Also hätten Sie es behalten – in der Überzeugung, dass es das trotzdem wert ist. Verstehen Sie: Das ist alles fiktiv und mehr oder minder willkürlich. Es gibt zwar Anhaltspunkte, aber keine verbindlichen Regeln oder gar Tabellen. – Wenn Sie also Herrn Bäßler den Stöhr für viertausendfünfhundert Mark anbieten, ist das so zulässig, wie es legitim ist, dass er es für diesen Preis nimmt.«

Bäßler hat zwar nur die Hälfte verstanden, nickt aber wie zur Bekräftigung.

»Na, da ist dann ja alles klar«, sagt Frau Manzik. »Wann wollen Sie das Bild abholen?«

Wenige Tage später trifft sich Bäßler mit seinem Westberliner Spezi im Centrum Warenhaus am Alexanderplatz. Er hatte ihn angerufen und um sein Kommen gebeten. Entsprechend verklausuliert, denn beiden ist bewusst, dass die Telefonverbindungen im grenzüberschreitenden Verkehr von den Geheimdiensten auf beiden Seiten der Mauer abgehört werden. Es könnte ja etwas geflüstert werden, was von Bedeutung ist. René Bäßler informierte also Dietmar Wernig jenseits des Zaunes, dass die verstorbene Tante Frieda am Donnerstag 13 Uhr bestattet werde, worauf der ihm antwortete, dass er nicht kommen könne, weil er zu dieser Zeit arbeiten müsse. Somit war der Termin bestätigt.

Wernig kommt wie stets mit der S-Bahn vom Bahnhof Friedrichstraße zum Alex zum vereinbarten Treffpunkt.

Bäßler hält sich nicht lange mit der Vorrede auf. Er habe einen dicken Fisch an der Angel, sagt er. In Adlershof habe er eine Frau kennengelernt, die lebe quasi in einem Museum. Er selber habe bei ihr bereits einen Stöhr gekauft.

»Bist du nun auch noch in den Kaviar-Handel eingestiegen«, grinst Wernig und erhält Aufklärung.

»Hier«, er hält ihm die Zettel unter die Nase, die Kruschke vollgekritzelt hat. »Alles Bilder, die bei ihr hängen.«

»Ja, und? Was soll ich damit?«

»In Westberlin verticken! Damit ist dort mehr zu holen als hier. Wir machen halbe-halbe. Ist das was?«

»Das ist bullshit«, antwortet Wernig, wobei nicht ganz klar ist, was genau er meint: Bäßlers großzügiges Angebot, die ganze Idee oder die Liste, die er aufmerksam studiert. Bei dem unterstrichenen Namen bleiben seine Augen stehen. »Schinkel? Bei der hängt ein echter Schinkel?«

»Sag ich doch. Das ist eine wahre Schatzkammer.«

Mit diesem Papier könne er nichts anfangen, meint Wernig, er müsse was sehen. »Haste 'ne Polaroid?«

»Was ist das?«

»Mensch, ihr lebt wirklich hinterm Mond. Das ist eine Sofortbildkamera. Du drückst auf den Auslöser, und wenig später kommt das fertige Foto aus dem Apparat. Okay, ich bringe dir morgen so ein Ding vorbei. Damit machst du von jedem

Gemälde ein Foto. Ich will kein Wohnzimmer, keine Übersichten, alles Einzelbilder. Kriegst du das hin?«

»Wenn du mir zeigst, wie das Ding funktioniert.«

»Wie viele Bilder, meinst du, hängen bei der Alten?«

»An die hundert, denke ich.«

»Dann bringe ich dir hundertfünfzig Vorlagen mit, da hast du noch ein paar zum Üben.«

Am Samstag macht sich Bäßler auf den Weg. In seinem Dederonbeutel hat er Wernigs klobige Kamera und ein Bettlaken. Das hat ihm die Oma mitgegeben, als er bei ihr das Geld holte, das sie von ihrem Sparbuch abgehoben hat. Auf ihre Frage nach der Größe des Gemäldes antwortete er: Etwa fünfzig mal siebzig. Und wie gedenke er es zu transportieren? Na, mit der S-Bahn. »So wie es ist?«, hatte darauf die Großmutter kopfschüttelnd gefragt und ihm das alte Laken und ein Stück Schnur gegeben.

So steht er denn alsbald vor der Tür von Frau Manzik. Sie öffnet auf sein Klingeln und bittet ihn in die Wohnung wie einen alten Bekannten.

Beim obligatorischen Kaffee kommt man dann auch aufs Geschäftliche zu sprechen. Bäßler schiebt einen Briefumschlag über den Tisch. Darin sind fünfundvierzig blaue Geldscheine mit dem Konterfei von Karl Marx. Er besteht darauf, dass Frau Manzik nachzählt. Sie ist merklich aufgeregt und muss mehrmals von vorn beginnen. »Stimmt«, sagt sie am Ende und zeigt ihr schönstes Altfrauenlächeln. »Dann wollen wir mal.« Sie will sich erheben, doch Bäßler legt ihr seine Hand auf den Unterarm.

»Haben Sie etwas dagegen, wenn ich Ihre anderen schönen Bilder fotografiere?«

»Warum?«, fragt die alte Dame so erstaunt wie berechtigt.

Bäßler ist auf diese Frage nicht vorbereitet. Er stottert was von Erinnerung, und dass ihm so viele der Gemälde gefielen, weshalb er sie gern daheim immer betrachten möchte, schließlich könne er sie ja nicht ständig behelligen. Warum denn nicht, junge Mann, entgegnet sie, sie freue sich immer über Besuch, mit dem man sich nett unterhalten könne.

Das interpretiert Bäßler als grundsätzliche Zustimmung, holt das Laken und die Kamera aus dem Beutel und steht vom Tisch auf.

»Ich werde dann mal den Tisch abräumen, während Sie fotografieren. Dazu brauchen Sie mich wohl nicht.«

Hm, sagt Bäßler, schon ganz auf seine Aufgabe fixiert, und wirft sich in Positur, die Kamera vorm Gesicht. Er arbeitet zügig und systematisch, ein Bild nach dem anderen schnurrt schwarz aus dem

Plastikgehäuse. Er wedelt, wie es ihm Wernig gezeigt hat, damit ein paar Mal, bis sich Farben und Konturen aus dem Dunkel schälen. Natürlich, die Fotos haben keine Tiefenschärfe, und der Blitz wirft oft einen hellen Kreis, insbesondere dann, wenn das Gemälde von Glas geschützt ist, und nicht wenige Bilder sind nachgedunkelt und bedürften dringend einer Restaurierung. Aber das Motiv und der Rahmen sind zu erkennen, und mit Kruschkes Hilfe und dessen Notizen sollte eine Benennung möglich sein.

So arbeitet sich Bäßler von Wand zu Wand, von Raum zu Raum, der Stapel mit den Fotos wächst unablässig. Bei dem Schinkel gibt sich der Gebäudereiniger besondere Mühe. Er versucht, das Blitzlicht aus dem Gemälde zu bringen, indem er sich nicht direkt vor das Bild stellt. So schießt er mehrmals auf das nach seiner Meinung wertvollste Gemälde in der Wohnung.

Dann ist er fertig und sagt der inzwischen ungeduldig wartenden Frau Manzik, dass er nun wohl zum eigentlich Wichtigsten des Tages käme.

»Darf ich es abnehmen?«

»Sie dürfen nicht nur, Sie müssen«, seufzt die Dame.

Der Stöhr hängt an einer Schnur und die an einem Haken, so dass sich das Bild leicht nach vorn neigt. Die Frau darauf schaut über die Schulter, der weiße Rücken führt hinunter bis zu einem üppigen Gesäß, das auf einer Wiese lagert. Ihr Gesicht weist einen Zug von leichtem Erschrecken auf, als sei sie vom Maler überrascht worden. Wobei? Das ist nicht zu erkennen. Und Bäßler, so viel versteht er nun doch, weiß, dass dies kein Reportagefoto, sondern eine im Atelier des Malers inszenierte Pose ist, weshalb dieses Moment der Überraschung reichlich albern wirkt. Vielleicht sind es gerade solche Elemente, die verhinderten, das Stöhr zu den ganz Großen der Malkunst aufrückte.

Bäßler ist jedoch überzeugt, dass das Geld seiner Großmutter gut angelegt ist und er das Doppelte erzielen wird. Auch wenn der Gewinn wie üblich durch zwei ginge, blieben für ihn noch immer rund zweieinhalbtausend Mark. Das sind etwa drei Monatsgehälter, die er dabei locker nebenbei verdient hätte. Und wenn erst der Deal mit Wernig läuft … In seinem Hirn kreisen die Gedanken ums große Geld, er sieht sich schon alles Mögliche im Intershop kaufen: Farbfernseher, HiFi-Anlage, Schallplatten, die es im Amiga-Laden gegenüber dem Centrum-Warenhaus nie oder nur als Bückware gibt.

»Na, geht's?«, erkundigt sich Frau Manzik besorgt, als er so lange am Stöhr verharrt und nicht die Schnur vom Haken bekommt. Dann ist es geschafft. Ein heller Fleck an der Tapete, leicht mit Spinnweb bedeckt, ist nun zu erkennen.

»O mein Gott«, entfährt es der Dame. Und wie zur Entschuldigung fügt sie an, sie habe immer nur vorn Staub gewischt und werde gleich einen Besen holen, um diesen hässlichen Schmutz zu entfernen. »Gleichwohl«, sie zögert, »die helle Stelle bleibt dennoch.«

Bäßler fürchtet bereits, sie könnte den Kauf rückgängig machen wollen, und schlägt darum vor, ein Bild von annähernd gleicher Größe und von einer weniger auffälligen Stelle ersatzweise an eben diesen Haken zu hängen. Die alte Dame nickt zustimmend. Er solle mal in den anderen Räumen, Schlafzimmer inklusive, schauen. Vielleicht wäre das sowieso die beste Idee, denn im Schlafzimmer würde nur sie – dabei lässt sie ein spitzbübisches Lächeln aufblitzen – das Fehlen eines Bildes bemerken.

Schon bald bedeckt eine allegorische Darstellung dreier Nymphen im Hochformat die kahle Stelle im Herrenzimmer, und Manzik und Bäßler sind mit der Hängung zufrieden. Wer es nicht wüsste, käme nie auf den Gedanken, dass dort jemals ein anderes Gemälde gehangen hat.

Gemeinsam wickeln sie den Stöhr ins Laken und verschnüren ihn. Dann verstaut Bäßler die Polaroidkamera und die vielen Fotos in seinem Dederonbeutel und rüstet zum Aufbruch.

»Auf Wiedersehen«, sagt er an der Tür.

»Auf bald«, antwortet die alte Dame.

Tage später trifft sich Bäßler mit Wernig in der Zille-Stube am Alex. Der wirft einen kritischen Blick auf die Fotos und knurrt überheblich, dass kein Meisterfotograf an ihm verloren gegangen sei, worauf Bäßler – mit Recht – darauf hinweist, dass er es gewiss auch nicht besser hinbekommen hätte. So überragend sei seine Scheißwesttechnik nun mal doch nicht, da hätte er ihm eben eine bessere Kamera mitbringen müsse, was Wernig geflissentlich überhört.

»Und welches ist der Schinkel?« Er scheint sich nur dafür zu interessieren.

Bäßler sieht den Stapel durch. Auf der Rückseite jedes Fotos hat er den Namen des Künstlers, soweit Kruschke ihn hatte entziffern können, gekritzelt.

Die Bilder sind rückwärtig mit irgendeinem Plastiküberzug beschichtet, auf dem keine Tinte haftet, und Kugelschreiber drückt zu stark durch, weshalb Bäßler zum Bleistift gegriffen hatte, doch der ist auch nur schwer leserlich.

»Da, das ist er.«

Wernig, der erkennbar von der Materie keine Ahnung hat, blickt teilnahmslos darauf und sagt nur: »Aha.« Dann steckt er das Foto in seine Brieftasche, nimmt die anderen Bilder und die Kamera und verstaut alles in eine Aldi-Tüte, der er zuvor zwei Schachteln Zigaretten und eine Büchse Ananas entnommen hat. »Hier, für deine Mühe«, hat er generös hinzugefügt und offenkundig mehr als nur »Danke« erwartet.

»Ich melde mich, sobald ich was weiß. Tschüss. Zahlst du das Bier?«

Bäßler nickt.

Es vergeht keine Woche, da meldet sich Wernig. Wie immer hat er bei Bäßlers Nachbarin angerufen, die den einzigen Telefonanschluss im Haus besitzt. Man kennt und duzt sich, und man hilft sich gegenseitig. »Dein Freund Dietmar hat angerufen. Er wäre morgen gegen 19 Uhr in der Zille-Stube, ob du mit ihm ein Bier trinken willst«, sagt sie ihm.

»Danke, Margot«, antwortet Bäßler und schließt die Tür. Er ist überrascht, dass Wernig so rasch reagiert, und deutet es als ein positives Zeichen.

Darin hat er sich nicht getäuscht. Der Westberliner hockt bereits am Fenster, als er das Lokal am Alex betritt. Entgegen sonstiger Gewohnheit lupft er sein Gesäß, wenngleich nur kurz und in geringe Höhe, bei der Begrüßung vom Stuhl.

»Gute Nachrichten«, sagt er freudestrahlend. »Ich habe einen Interessenten für den Schinkel!«

Bäßler setzt sich.

»Und die anderen Bilder?«

Wernig winkt ab. »Schrott.«

Bäßler zweifelt. »Du warst diesbezüglich gar nicht unterwegs.«

»Komm, lass uns erst einmal den Schinkel ab-
wickeln. Dann reden wir über alle anderen.« Wernig winkt dem Kellner. »Zwei Bier.«

Als die Tulpen vor ihnen stehen, fährt Wernig
fort. »Du musst der Alten das Bild abkaufen oder
es anders bekommen. Mein Kunde ist bereit, dafür
einen sechstelligen Betrag zu zahlen. In West!«

Bäßler spitzt die Lippen und pfeift. Was, so
viel? »Und was heißt das?«

»Du besorgst das Bild, und ich schleppe es nach
drüben. Ganz einfach.«

»Woher soll ich das Geld nehmen, um sie zu
bezahlen? Ich müsste doch in Vorkasse gehen. Ich
habe schon viereinhalbtausend bei meiner Großmutter für den Stöhr geliehen, den ich noch nicht
verkauft habe. Ich kann sie nicht noch einmal an-
pumpen.« Die Fragen, die Bäßler aufwirft, sind
logisch und berechtigt.

Doch Wernig ist der kühle, kalte Geschäftsmann aus dem Westen. Entsprechend lakonisch
fällt die Antwort aus. »Das ist dein Problem. Bring
mir das Bild, und du bekommst von mir so viel
Schotter, wie du noch nie auf einem Haufen gesehen hast. – Also, was soll ich meinem Kunden
sagen?«

Bäßler zögert einen Moment. Er weiß, wenn
er jetzt absagt, braucht er bei Wernig nie wieder
anzutreten, der Kanal nach drüben ist damit ein
für alle Mal verstopft. Sagt er zu, geht er ein hohes

Risiko ein. Allerdings hat er, wenn es gelingt, auf Jahre ausgesorgt. Genau diese Aussicht auf eine rosige Zukunft lässt ihn schließlich alle Skrupel über Bord werfen.

»In Ordnung. Sobald ich es habe, melde ich mich wieder.«

Wochen später, es ist der 3. Juni 1986, erstattet René Bäßler auf der für ihn zuständigen Volkspolizei-Inspektion Berlin-Weißensee Anzeige. Es ist ein Dienstagnachmittag, Bäßler gibt zu Protokoll, dass ihm am Wochenende ein Bild aus der Wohnung gestohlen worden sei. Das Ölgemälde auf Leinwand sei zwar nicht sehr groß gewesen, 28 mal 36 Zentimeter, aber vermutlich ziemlich alt.

Krausnick, Leutnant der Kriminalpolizei, lässt sich schildern, wann er den Diebstahl bemerkt habe.

Er sei am Samstagabend aus dem Garten seiner Großmutter gekommen, berichtet Bäßler mit stockender Stimme, und die elektrische Schreibmaschine rattert dazu. Seine Tür habe offen gestanden, und da habe er die freie Stelle an der Wand im Wohnzimmer bemerkt.

»Einbruchspuren?«

Bäßler schüttelt den Kopf. Nein, keine. An der Tür sei dergleichen nicht zu sehen gewesen.

»Vermissen Sie sonst etwas?«

Wieder ist Kopfschütteln die Antwort. »Es fehlt nichts außer dem Bild.«

»Sicher?«

»Absolut.«

»Wer hat noch einen Schlüssel zu Ihrer Wohnung?«

»Margot, die Nachbarin, und meine Großmutter.«

»Was haben Sie für ein Schloss?«

»Ein normales.«

»Kein Sicherheitsschloss?«

»Nein, ein übliches Kastenschloss.«

»Das kriegt man doch mit einem simplen Dietrich auf.«

»Bei mir gibt es nichts zu holen.«

»Offenbar doch, sonst säßen Sie ja nicht hier.« Krausnick findet die Geschichte ein wenig unlogisch. Wieso bricht jemand bei Bäßler ein und klaut ausgerechnet dieses Bild?

»Wer wusste von diesem Gemälde?«

»Keine Ahnung.«

»Und was, sagten Sie, war es wert?«

»Ich sagte gar nichts«, antwortet Bäßler ein wenig trotzig. »Keine Ahnung.«

»War das im Familienbesitz? Haben Sie es geerbt oder gekauft?« Krausnick insistiert.

Bäßler wird merklich einsilbig. »Gekauft.«

»Bei wem.«

»Bei einer alten Dame in Adlershof.«

»Da werden Sie doch wohl wissen, wie viel Sie dafür gegeben haben?«

»Ein paar hundert Mark, glaube ich.«

»Na, da haben wir doch schon mal einen Anhaltspunkt.«

Zufrieden notiert der Leutnant den Betrag. Damit fällt der Diebstahl wohl unter die Bagatelldelikte und dürfte eher in der Ablage landen als Gegenstand großer kriminalpolizeilicher Ermittlungen werden. Das erklärt auch, weshalb später kein Volkspolizist und kein Kriminaltechniker zum – vermeintlichen oder tatsächlichen – Tatort geschickt werden wird.

Krausnick informiert zwar am nächsten Tag in der morgendlichen Dienstbesprechung über den Einbruchdiebstahl in der Buschallee 4. Aber niemand, auch nicht der Chef, ist der Ansicht, dass man sonderlich aktiv werden müsse, dazu sei der Schaden zu gering. Wenn der Bestohlene erst drei Tage nach Bemerken des Verlustes Anzeige erstattet, ist das beredt genug.

Trotzdem werden die Mitarbeiter des Kommissariats III mit der Untersuchung beauftragt. Die Ermittlung bei Kunstdiebstählen ist erfahrungsgemäß schwierig, weil Raubgüter wie Gemälde oder antike Objekte unter der Hand gehandelt werden, sie verschwinden nach ihrer Entwendung meist in der Versenkung. Manches Bild endet an der Wohnzimmerwand des Diebes, wo es bisweilen durch einen Zufall entdeckt wird. Und so ziehen sich die Ermittlungen hin, ohne dass brauchbare Zeugenaussagen oder Tatortspuren etwas ergeben.

Irgendwann bekommt Bäßler Nachricht, dass das Ermittlungsverfahren gegen Unbekannt eingestellt worden sei.

Am 8. Juli 1986, knapp vier Wochen nach Erstatten der Anzeige durch Bäßler, meldet sich auf der zuständigen Volkspolizei-Inspektion eine Rentnerin und berichtet aufgeregt, dass sie bestohlen worden sei.

»Wollen Sie eine Anzeige gegen Unbekannt erstatten?«, erkundigt sich der Mann, der sich ihr mit »Oberleutnant der K Bredow« vorgestellt hat.

»Wieso Unbekannt? Ich kenne doch den Kerl.«

»Ach«, sagt Bredow überrascht. »Erzählen Sie mal.«

Die kleine, rundliche Dame mit dem weißen Dutt schnauft sichtlich erregt. »Dabei hatte er einen so guten Eindruck gemacht. War höflich, freundlich und eigentlich immer korrekt. Bis vor kurzem jedenfalls ...«

»Beginnen wir doch besser von vorn. Von wem reden Sie, Frau Manzik?«

»Na, von dem René Bäßler natürlich.« Dann berichtete sie, sehr weitschweifig und detailliert, wie sich der junge Mann (»so um die dreißig«) auf die Anzeige in der *BZ am Abend* gemeldet und dann doch nicht die Uhr ihres verstorbenen Mannes gekauft habe. Dass er sie im Weiteren mehrmals besucht und dann schließlich den Stöhr für viereinhalbtausend Mark erworben habe. Danach habe er sich besonders für den Schinkel interessiert.

»Moment«, warf der Oberleutnant ein, »Sie sprechen von dem Karl Friedrich Schinkel? Und von dem haben Sie ein Gemälde?«

»Zumindest nahm ich an, dass das Bild von ihm ist. Der Herr Bäßler wollte es aber genau wissen und verlangte eine Expertise. Er war ganz scharf auf das Gemälde und bot mir von Mal zu Mal mehr, obwohl ich nicht verkaufen wollte.«

»Vielleicht erhöhte er deshalb unablässig sein Gebot?«

»Gewiss. Am Ende, halten Sie sich fest, Herr Oberleutnant, wollte er hunderttausend Mark dafür geben.«

»Und da sind Sie weich geworden … Verstehe.«

Die alte Dame senkt verschämt den Blick zu Boden.

»Soll ich mal raten: Sie haben ihm das Bild überlassen, damit er es einem Gutachter zeigt.«

Frau Manzik schneuzt vernehmlich in ihr Tuch, dass sie bereits die ganze Zeit in den Händen dreht und windet.

»Ja, aber gegen Quittung.«

»Und, haben Sie sie mit?«

»Sie ist weg.«

»Wie bitte?«

»Das Papier ist weg. Ich habe die ganze Wohnung auf den Kopf gestellt und bin mir ziemlich sicher: Er hat es, ohne das ich es gemerkt habe, gleich eingesteckt.«

»Wird wohl so gewesen sein, Frau Manzik. Und weiter?«

»Er wolle das Bild einem Experten von der Dresdner Gemäldegalerie zeigen, einem Professor, hat er gesagt. Wenn der die Echtheit bestätige, würden wir einen Kaufvertrag aufsetzen und er mir die Summe aushändigen.«

»Hunderttausend Mark. Wer, um Himmels willen, hatte in der DDR so viel Geld flüssig? Waren Sie da nicht ein wenig leichtgläubig?«

Die alte Dame blinzelt über den Rand ihrer in Gold gefassten Augengläser.

»Herr Oberleutnant, haben Sie eine Ahnung! Wissen Sie, wie viel Geld manche Handwerker, Akademiker oder Ärzte auf dem Konto haben? Die haben doch hierzulande kaum Gelegenheit, ihre Millionen auszugeben.«

»Was hat der Bäßler gemacht?«

»Der war bei der Gebäudereinigung. Ich glaube aber nicht, dass er das Bild für sich selbst wollte. Der hatte von Kunst so viel Ahnung wie ich von der Rosenzucht. Nämlich keine. Das hat mich ja auch so lange zögern lassen. Wenn ich es zu treuen Händen gegeben hätte, wenn ich also gewusst hätte, das es bei ihm daheim hängen würde, wäre es mir leichter gefallen. Ich hielt ihn für den Strohmann, der vorgeschickt wurde.«

»Wenn es sich so verhielt: Warum haben Sie sich auf das Geschäft eingelassen?«

»Warum, warum? Er konnte einem so offen und ehrlich in die Augen schauen. Und dann das viele Geld … Meine Rente ist nicht gerade üppig, und ein Gemälde mehr oder weniger in der Wohnung macht nun wirklich keinen Unterschied. Ich habe ja genug davon.«

»Aber vermutlich nur einen Schinkel.«

»Ach, wissen Sie, man erfreut sich an dem Bild, nicht an dem Namen. Ein wahrer Kunstfreund erwärmt sich an dem, was er sieht, ein Koofmich an dem Preis, den er für das Bild gab. Es gibt welche, die am liebsten das Preisschild neben jedes Gemälde hängen. – Das Schinkel-Bild: ja, ganz nett, nichts Besonderes. Da gefallen mir andere Bilder in meiner Wohnung viel, viel mehr.«

Sie schneuzt sich erneut. Das gibt Bredow Gelegenheit, mal wieder eine Frage zu formulieren.

»Sie haben also Bäßler das Bild ausgehändigt, damit der eine Expertise einholt?«

Frau Manzik nickt.

»Haben Sie sich danach noch einmal gesehen?«

»Einmal? Mehrere Male. Er kam regelmäßig auf Besuch. Wir tranken zusammen Kaffee, plauderten nett miteinander. Doch immer, wenn ich nach dem Gutachten fragte, gab es unbefriedigende Antworten. Mal war der Professor im Ausland, dann mal mit einer Krankheit von der Dienstreise zurückgekommen, schließlich gab er angeblich das Bild wegen Überlastung an einen Kollegen weiter … Als ich zunehmend ärgerlicher reagierte, blieb Bäßler weg. Das ist nun vier Wochen her.«

»Und darum sitzen Sie hier und wollen Anzeige erstatten. Richtig?«

»Ich weiß nicht, was ich glauben soll. Helfen Sie mir, mein Bild zurückzubekommen, alles andere ist mir egal.«

Bredow nickt. »Wir kümmern uns darum. Warten Sie bitte einen Augenblick.«

Der Oberleutnant geht nach nebenan und telefoniert. Er erkundigt sich, ob ein Bäßler, René polizeilich erfasst sei. Die Auskunft haut ihn fast um. Ja, heißt es am anderen Ende, der hat Anfang Juni in Weißensee Anzeige wegen Einbruchsdiebstahl erstattet. Aus seiner Wohnung sei ein Gemälde gestohlen worden.

Bredow glaubt, sich verhört zu haben. »Sag das noch mal.«

Die Stimme am anderen Ende wiederholt den Satz.

»Bearbeitet die III den Fall?«

»Ja.«

Der Oberleutnant legt auf und geht nachdenklich in sein Zimmer zurück.

»Frau Manzik, der Herr Bäßler war – wie ich soeben erfuhr – vor etwa vier Wochen bei uns. Er hat den Diebstahl eines Bildes gemeldet. Ich verwette meine Dienstmütze, dass es sich um Ihr Bild handelt.«

Die kleine Frau schluchzt laut auf. »Dann ist es ja weg.«

»Nein, das glaube ich nicht«, sagt Bredow beruhigend. Er sollte sich irren.

Am nächsten Tag sitzen alle Männer am Tisch, die bislang mit den beiden Fällen – tatsächlich ist es ein einziger Fall – zu tun haben. Krausnick, Bredow und einige Kollegen des Kommissariats III breiten alles aus. Major Künne führt das Wort. Er will eine Gegenüberstellung von Bäßler und Manzik.

»Was soll das bringen?«, wirft Oberleutnant Bredow ein. »Sie wird sagen, er ist es. Und dann? Glaubst du, ihn schlägt das schlechte Gewissen, und er packt aus? Außerdem gebe ich zu bedenken, dass die Frau auf die siebzig zugeht. Wir sollten ihr diese Aufregung ersparen.«

»Was schlägst du also vor, Genosse Bredow?«

»Wir vernehmen Bäßler und auch seine Großmutter. Die scheint, zumindest habe ich das den Ausführungen des Genossen Krausnick entnommen, eine wichtige Bezugsperson zu sein.«

»Einverstanden«, sagt Künne. »Und habt ihr schon etwas über das Bild in Erfahrungen bringen können?«

Bredow schüttelt den Kopf. »Immer unter Vorbehalt, dass es sich tatsächlich um ein Original von Schinkel handelt: Alle in der DDR archivierten Gemälde, Zeichnungen und Radierungen sind dokumentiert, das Werksverzeichnis ist vollständig …«

»Bis auf jene Werke, die nicht erfasst sind.«

»Eben, das wollte ich ja gerade sagen: Es ist durchaus möglich, dass Bilder, die zu Lebzeichen des Künstlers veräußert oder verschenkt wurden, vielleicht von ihm selbst, damals nicht registriert worden sind. Auch in Preußen ging nicht alles preußisch korrekt zu.«

Major Künne lacht auf, die anderen am Tisch fallen in die Heiterkeit ein. Wenn der Chef feixt, dürfen es alle anderen auch.

Bredow setzt fort. »Es kann sich um einen solchen Fall handeln. Sofern, ich wiederhole mich, es sich wirklich um einen echten Schinkel handelt. Das aber können wir erst beweisen, wenn wir das Gemälde gefunden haben.«

Krausnick meldet sich zu Wort. Er müsse in diesem Kreis nicht erwähnen, dass – sofern dies zuträfe – es sich um nationales Kulturgut der DDR handele.

Künne bewegt seinen massigen Schädel. »Ihr wisst, was das bedeutet, Genossen.«

Jeder am Tisch weiß, was nunmehr die Glocke geschlagen hat.

Es ist ein heißer Sommertag, als Leutnant Krausnick in Begleitung eines Uniformierten vor der Gartentür steht. »Bäßler« steht an der Pforte. In den Schrebergärten laufen die Rasensprenger auf Hochtouren. So ein Unsinn, sagt der Wachtmeister, am Abend müsse man gießen. Jetzt verdunstet das Wasser nur. Ach, sagt Krausnick, hast du auch eine Datsche? Wer nicht, antwortet der Mann mit Uniform und Schnauzer.

Die Tür lässt sich mühelos öffnen, die Männer treten in den Garten. Vor der Laube reihen sich hochstämmige Stachel- und Johannisbeeren, rote und schwarze, wie die preußischen Grenadiere aneinander.

»Ich vermute, dass die Gemüsebeete hinterm Haus sind. Da werden wir sie wohl auch finden«, meint der Wachtmeister und stapft voran. Er hat recht. Eine grauhaarige Frau kniet zwischen den Beeten und zupft Unkraut. Sie bemerkt die beiden Männer nicht. Erst als sie vor ihr stehen und ihr Schatten auf sie fällt, hebt sie den Kopf. »Oh, dein Freund und Helfer«, sagt sie, wischt sich mit dem Handrücken eine Locke aus der Stirn und erhebt sich.

»Guten Tag«, sagt Krausnick und nennt Namen und Anliegen.

»Gehen wir ins Haus«, sagt Frau Bäßler. Sie wäscht sich die Hände in der Regentonne und reibt sie an der Kittelschürze trocken. »Kann ich Ihnen was zu trinken anbieten?«

»Gern«, sagt der Wachtmeister und erntet einen tadelnden Blick von Krausnick. Er rudert zurück. »Ein Schluck kaltes Wasser tut es auch. Ist ja heute wirklich unerträglich heiß.«

Dann sitzen sie auf der überdachten Terrasse. Im Schatten ist es angenehm und erträglich. Der Wachtmeister nippt an seinem Wasser.

»Frau Bäßler, Ihr Enkel hat Anfang Juni auf der VP-Inspektion einen Einbruch und den Diebstahl eines Gemäldes gemeldet«, beginnt Krausnick.

»Ja, mag sein. Was habe ich damit zu tun?«

»Er gab an, dass er zuvor bei Ihnen war.«

»Ja, das hat er mir erzählt.« Sie fischt ein Päckchen F6 aus ihrer Gartenschürze und fingert eine Zigarette heraus. »Das ist am letzten Maiwochenende passiert. Er war den ganzen Sonnabend bei mir, und als er nach Hause kam, stand die Wohnung offen, und das Bild war weg.«

»Kennen Sie das Bild, das ihm gestohlen worden ist?«

Sie stößt den Rauch aus. »Nee, er hatte es ja noch nicht so lange. Und ich bin auch kaum bei ihm. Meist kommt der René zu mir in den Garten. Ich habe ein Auge darauf, dass der Junge nicht vom Fleisch fällt, wissen Sie? Er hat bis heute keine

Frau gefunden, die ihn versorgt. Bis es soweit ist, müssen eben die Oma und die Mutter für ihn sorgen.« Sie lacht.

»Sie haben ein sehr enges Verhältnis?«

»Ja. Kann man wohl so sagen.«

»Was treibt er denn so in seiner Freizeit? Hat er ein Hobby?«

Die Rentnerin hebt die Achseln. »Nicht so direkt.«

»Und indirekt?« Krausnick bohrt nach.

»Och, er schaut sich manchmal bei Haushaltsauflösungen um, kauft für kleines Geld Briefmarken, Münzen, olle Schinken, naja, Trödel eben, den er dann im An- und Verkauf vertickt.«

»Könnte das Bild von so einer Haushaltsauflösung stammen?«

»Schon möglich.« Sie drückt die Kippe in einem Glasascher aus, der sein früheres Leben in einer Kneipe zugebracht hatte.

Alle drei blicken in das Himmelsblau, jeder tut so, als hinge er seinen Gedanken nach. Doch das täuscht.

»Sagt Ihnen der Name Manzik etwas?« Krausnick beendet die sekundenlange Stille.

Die Frau schweigt einen Bruchteil zu lange, der Leutnant spürt das verräterische Zögern.

»Wer soll das sein?«

»Eine Frau in Ihrem Alter. Sie lebt in Adlershof.«

»Hm«, sagt sie. »Nie gehört.« Sie steckt sich

erneut eine Zigarette an. Krausnick glaubt, ein leichtes Zittern zu bemerken.

»Ihr Enkel hat den Namen nie erwähnt?«

»Nicht, dass ich wüsste. Nein.«

Krausnick schweigt, der Wachtmeister trinkt sein Glas leer.

Als müsste sie den guten Leumund ihres Enkels bekräftigen, verweist sie auf seine gute Arbeitsmoral. Da müssten die Genossen nur mal in der PGH nachfragen, bei der er tätig ist. Seine Brigade sei schon wiederholt als Kollektiv der sozialistischen Arbeit ausgezeichnet worden, er selbst, obwohl doch jung an Jahren, zweimal Aktivist geworden. Bei seiner Arbeit käme er viel herum, das sei doch nichts Unrechtes, wenn er auf Dachböden stöbere und für kleines Geld diesen oder jenen Trödel veräußere.

»Kleines Geld?« Leutnant Krausnick hakt ein. »Wie viel ist das? Hunderttausend Mark?«

Die Frau verschluckt sich am Zigarettenqualm.

»So viel hat Ihr Enkel René der Frau Manzik nämlich für ein Gemälde geboten.«

Jetzt lacht sie hell auf. »Das ist wohl ein Witz.«

»Nein, kein Witz. Frau Manzik hat das ausgesagt. Und sie hat auch gesagt, dass er ihr für ein Bild von Stöhr viereinhalbtausend Mark gezahlt hat.«

»Davon weiß ich nichts. Das glaube ich auch nicht. Ich denke, die Frau spinnt.«

Krausnick schweigt. Auch der Wachmeister sagt nichts. Er weiß, dass er allenfalls Dekoration ist. Die Uniform ist sichtbarer Ausdruck der Staatsmacht, mehr nicht.

»Frau Bäßler, ich glaube, dass Sie nicht die Wahrheit sagen.«

»Ich kann nur wiederholen: Ich weiß nicht, welche Geschäfte mein Enkel treibt, bin aber davon überzeugt, dass er nicht in dieser Größenordnung handelt. Bei ihm geht es um Pfennigbeträge.«

Krausnick versucht es von der anderen Seite. »Sie würden, da Ihr Enkel Sie nicht in seine Geschäfte einweiht, auch nicht explizit ausschließen wollen, dass er solche Gelder bewegt?«

»Expli… was?«

»Sie würden nicht generell ausschließen, dass er nicht nur mit Pfennigbeträgen handelt, sondern auch mit tausenden Mark.«

»Schauen Sie sich doch mal sein Sparbuch an, da werden Sie sehen, was er für ein armer Schlucker ist.«

»Und was haben Sie auf dem Konto?«

»Das geht Sie gar nichts an.«

»Das stimmt. Aber ich kann veranlassen, dass mir die Sparkasse verrät, wie viel Sie auf der hohen Kante haben.«

»Und selbst wenn es sich so verhielte: Was beweist das?«

Da hatte sie natürlich recht. Was ließe sich

damit beweisen? Das Verschwinden eines unbekannten Bildes von Schinkel ganz gewiss nicht. Krausnick spürt, dass er hier nicht weiterkommt, vielleicht hat er sich auch blöd angestellt.

Unterdessen ist Bredow in die Buschallee unterwegs. Die Straßenbahn quietscht um die Ecke, wer hier schläft, hat sich entweder daran gewöhnt oder braucht Oropax. Der große Wohnblock entstand Anfang des Jahrhunderts, als 1908 die Industriebahn Friedrichsfelde-Tegel in Betrieb ging. Diesseits und jenseits des Schienenstranges siedelten sich Betriebe an, und die Arbeiter, die dort tätig waren, brauchten Quartiere. Also wurden solche Mietskasernen hochgezogen. Klein, bezahlbar und solide.

Bredow und sein Gefolge steigen im Eingang Nr. 4 die Treppe hinauf. Im Aufgang riecht es nach Krautsuppe und Bohnerwachs, der Geruch von Generationen hat sich in die Wände gegraben und geht nicht mehr weg. Der schwergewichtige Bredow schnauft, er fährt daheim Fahrstuhl. Sein Haus wurde in den frühen 70er Jahren errichtet, als es noch üblich war, die Sechsgeschosser mit Lift auszustatten. Als es dann ans große Sparen ging, hießen die Neubauten Fünf plus Eins, womit man die Vorschrift umging, dass Sechsgeschosser mit Fahrstuhl auszustatten sind. Fünfgeschosser brauchten ja keine.

Vor der Tür mit dem Namensschild »Bäßler«
verharrt er. Der Kreislauf muss sich erst wieder
einpegeln. Seine Begleitung, erheblich jünger
und auch drahtiger, hält sich dezent zurück. Man
macht keine Scherze auf Kosten des Vorgesetzten. Schließlich drückt der Oberleutnant auf dem
Klingelknopf.

Der Mann, der öffnet, trägt ein nicht mehr
ganz sauberes Unterhemd, im Mundwinkel klebt
eine Zigarette.

»Ja?«

»Herr Bäßler? René Bäßler?«

»Bin ich. Und wer sind Sie?«

»Oberleutnant Bredow. Wir sind von der Kriminalpolizei. Es geht um Ihre Anzeige.«

»Die hat sich doch schon erledigt. Ich habe bereits einen Schrieb bekommen, dass die Ermittlungen eingestellt wurden.«

»Naja«, sagt Bredow. Es haben sich da neue
Momente ergeben, weshalb wir der Sache noch
einmal nachgehen müssen. Können wir reinkommen?«

»Ungern«, antwortet Bäßler und kratzt sich an
der Brust. »Ich habe noch nicht aufgeräumt.«

Wenn er wüsste, was sie schon für Wohnungen gesehen haben, wirft Bredow ein und drängt
an ihm vorbei in den winzigen Flur. Er vermutet
an dessen Ende das Wohnzimmer. Kalter Zigarettenrauch schlägt ihm von dort entgegen. Im

Zimmer ist die Luft so abgestanden wie in der ganzen Wohnung. »Sie sollten öfter mal lüften«, sagt Bredow und öffnet das Fenster. Unerträglicher Straßenlärm dringt ins Zimmer. Er hat die Wahl: Luft oder Lärm. Bredow schließt das Fenster rasch wieder. Bäßler lehnt am Türrahmen und grinst.

Das Zimmer gleicht dem Warenlager eines Trödlers. Kerzenhalter, Schachteln, alte Lampen, Schallplatten, Bücher mit Ledereinband stehen auf Schränken und auf dem Fußboden ... An der Wand lehnt ein Stapel mit Bildern, gerahmte Drucke und billige Ölschinken, röhrende Hirsche vor Alpenlandschaft und tanzende Nymphen im Park. Eben jener Kitsch, den man sich früher übers Ehebett hängte. Bredow zieht die Nase kraus.

»Sammeln Sie diesen Krempel?«

»Nee. Ich versuche ihn zu verkaufen. Das sind Sachen aus Haushaltsauflösungen und so. Alles ehrlich erworben.«

»Gekauft?«

Bäßler zuckt die Achseln. »Mal geschenkt, mal gekauft. Die Leute sind froh, wenn sie's loswerden.«

»Und das Bild, das Ihnen gestohlen wurde, war wo?«

»Es hing im Schlafzimmer über dem Nachtschrank.«

»Warum nicht hier?«

»Ich wollte es behalten, weil es mir gefiel.«

»Was war denn darauf zu sehen?«

»Das habe ich doch schon zu Protokoll gegeben: ein Platz mit einem Portal und ein paar Pinien.«

»Und das hat Ihnen gefallen?« Bredow schüttelt den Kopf.

»Das ist eben so bei Kunstwerken. Irgendetwas springt einen an, ohne zu wissen, was der Grund ist.«

»Mag sein. Davon verstehe ich zu wenig. Ich verstehe überhaupt viel zu wenig. Zum Beispiel, dass man bei Ihnen einbricht, ohne dass es Einbruchsspuren gibt …«

»Vielleicht lag ja mein Zweitschlüssel unter dem Fußabtreter. Den lege ich manchmal dorthin, damit ihn meine Oma findet. Sie kommt manchmal unter der Woche und schaut nach dem Rechten.«

»Hm«, macht Bredow. »Auch an jenem Samstag? Da waren Sie doch im Garten bei Ihrer Großmutter. Das steht jedenfalls in Ihrer Anzeige.«

Bäßler geht zum Fenster, öffnet es und wirft die Kippe hinaus. Er will Zeit gewinnen, wie es aussieht. Nachdem er das Fenster wieder geschlossen hat, sagt er: »Vermutlich lag er dann schon einige Tage dort. Ich hatte ihn bestimmt vergessen.«

Bredow macht wieder »Hm«. Ja, das wäre denkbar. Aber da wäre noch ein weiterer Umstand, den er nicht verstünde. »Da geht also jemand in Ihre Wohnung und nimmt nur ein einziges Stück mit:

dieses eine Bild aus dem Schlafzimmer. Alles andere interessiert ihn nicht. Zumindest haben Sie nichts weiter als Verlust angegeben. – Ist doch merkwürdig. Oder?«

Bäßler hebt die Achseln. »Weiß ich doch auch nicht, warum der nur dieses Bild geklaut hat.«

»Vielleicht war's ja ein Kunstfreund wie Sie. Einmal sehen – und schon ist man hin und weg.«

Bäßler hört sehr wohl die Ironie heraus, schweigt aber.

»Übrigens, woher hatten Sie das Gemälde überhaupt?«

»Habe ich doch auch schon zu Protokoll gegeben. Ich habe es einer alten Frau abgekauft.«

»An ihren Namen können Sie sich nicht mehr erinnern?«

»Nein. Ich habe jeden Tag mit sehr vielen Menschen zu tun.«

»Zumal es schon einige Zeit her ist, als Sie das Bild erwarben.«

»Genau.«

»Wann? So ungefähr?«

»Keine Ahnung. Kann Anfang des Jahres gewesen sein.«

»Und wie viel haben Sie ihr dafür gegeben?«

»Nicht viel. Vielleicht ein paar Blaue.«

Bredow blickt überrascht. »Was, ein paar hundert Mark. Zahlen Sie immer so großzügig? Wie viel verdient man denn so als Gebäudereiniger?«

»So um die siebenhundert Mark im Monat.«

»Was? Und da können Sie es sich leisten, den halben Monatslohn für ein Bild auszugeben?«

»Ich habe keine Verpflichtungen, und das Leben ist billig, die Miete ist auf dem Stand von 1937. Da bleibt jeden Monat etwas übrig.«

Bäßler steckt sich eine neue Zigarette in den Mund, er wirkt gelassen und entspannt.

Der Oberleutnant mustert ihn. »Ich sagte ja eingangs, dass einige neue Momente hinzugekommen sind.«

»Ich warte schon die ganze Zeit darauf, dass Sie mir die verraten.« Bäßler zieht an der Zigarette und bläst geräuschvoll den Qualm ins Zimmer.

»Eine alte Dame aus Adlershof hat Anzeige bei der VP erstattet. Sie vermisst ein kleines Gemälde. Und nun halten Sie sich fest: Es zeigt einen Platz mit einem Portal und Pinien.«

Bäßler prustet los. »Ein solches Motiv finden Sie auf hunderten Bildern. Die Gemäldegalerien hängen voll damit.«

Bredow überlegt. »Da haben Sie vermutlich nicht unrecht. Aber komisch: Das Bild, sagt die Bestohlene, sei 28 mal 36 Zentimeter groß gewesen, also nur wenig größer als ein A4-Blatt. Das waren doch wohl auch jene Maße, die Sie angegeben hatten?«

»Was beweist das schon?«

»Stimmt.« Der Oberleutnant greift in seine Jacketttasche und holt ein Papier hervor. »Das ist eine amtliche Vorladung. Ich möchte Sie morgen 10 Uhr zu einer Gegenüberstellung auf der VP-Inspektion sehen.«

Bäßler schüttelt den Kopf. Das gehe nicht, da sei er auf Arbeit.

»Sagen Sie dem Chef Bescheid, er muss Sie nicht lange entbehren. Die offizielle Vorladung gilt als Entschuldigung. Das geht dann schon seinen sozialistischen Gang.«

Am nächsten Morgen findet sich René Bäßler pünktlich bei der Polizei ein. Er wird in einen Raum geführt, in welchem sich bereits vier Personen in Zivil befinden. Sie begrüßen ihn mit einem Kopfnicken, dann stellen sie sich in einer Reihe auf. Bäßler steht in der Mitte. Er ist die Nummer Drei von jeder Seite.

Sie blicken auf eine verspiegelte Scheibe. Bäßler versucht, seine Nervosität zu unterdrücken und mit dem gleichen stoischen Gleichmut wie seine Nachbarn auf die Scheibe zu glotzen.

Im Nebenraum steht neben Bredow die kleine, rundliche Frau Manzik. Sie ist aufgeregter als der Mann, denn sie identifizieren soll. Schon wenige Sekunden, nachdem sie den Raum betrat, hatte sie gerufen: »Das ist er! Der Mann da in der Mitte ist Herr Bäßler. Ihm habe ich den Schinkel zum Begutachten gegeben. Er ist der Dieb.«

Bredow fragt vorsichtshalber nach. »Sind Sie sich absolut sicher?«

Entrüstet schaut die Weißhaarige zu Bredow auf. »Ich bin zwar alt, aber nicht blind und blöd. Der Mann war wiederholt bei mir zu Besuch, eine Verwechslung oder ein Irrtum sind völlig ausgeschlossen.«

»Gut, Frau Manzik, das nehmen wir gleich zu Protokoll, und Sie quittieren es. Der Genosse Krausnick wird sich um Sie kümmern.«

Wenig später sitzt Bäßler im Büro von Bredow. Er wirkt nervös, fast aufgeregt. »Sie haben gesagt, dass dauere keine zehn Minuten. Jetzt hänge ich schon eine Viertelstunde hier herum.«

»Gemach, gemach«, wiegelt Bredow ab. »Wir müssen uns ein wenig unterhalten. – Haben Sie etwas dagegen, wenn das Tonband mitläuft?«

»Ich habe nichts zu verbergen.«

»Na umso besser, dann wird es nicht so lange dauern.« Der Oberleutnant schaltet das Gerät an und rückt das Mikro in Bäßlers Nähe.

»Herr Bäßler, Sie sind soeben als die Person identifiziert worden, der die Zeugin ein Gemälde von Schinkel übergeben hat. Sie wollten es begutachten lassen, haben es aber, trotz mehrfacher Aufforderung, nicht zurückgegeben. Das nennt man Diebstahl. Was haben Sie dazu zu sagen?«

»Dass die Alte lügt.«

»Wieso wissen Sie, dass es sich um eine alte Frau handelt?«

»Haben Sie das nicht gestern selber gesagt?«

Bredow überlegt, kann sich aber nicht entsinnen. »Sagt Ihnen der Name Manzik etwas?«

Bäßler tut, als überlegte er. Dann sagt er, er glaube, ihn schon einmal gehört zu haben. Aber Genaueres könne er nicht sagen.

»Nun«, sagt Bredow süffisant, »da kann ich Ihrer Erinnerung aufhelfen. Sie haben vor einigen Monaten bei der Frau ein Bild von Ernst Stöhr gekauft.«

»Das ist ebenfalls gesponnen. Die Frau hat sie doch nicht alle.« Die Entrüstung ist ziemlich überzeugend.

Bredow zieht das Schubfach vor seinem dicken Bauch auf und holt ein weißes Blatt hervor. Er legt es vor Bäßler und packt einen Kugelschreiber hinzu. »Schreiben Sie Ihren Namen. Oben, unten, links, rechts, egal wo. Nur Ihren Namen.«

Bäßler greift zögernd zum Stift. Dann malt er in großen Druckbuchstaben seinen Namen. Bredow stoppt ihn. »Ich sagte schreiben. Ich will Ihr Autogramm, so, wie Sie in Ihrem Ausweis unterschrieben haben. Also …«

Bäßler setzt erneut an. An das B hängt er einen gekringelten Schwanz an, die beiden Ausreißer lassen sich mit viel Fantasie als ß und l erkennen.

»Sehr schön«, sagt Bredow und greift erneut ins Fach, um ein weiteres Blatt hervorzuziehen. Es ist beschrieben. Er legt es neben das andere und tippt auf den Schriftzug darunter. »Merken Sie was? Diese Unterschrift weist eine gewisse Ähnlichkeit mit der Ihren auf. Oder um es präzise zu formulieren: Beide Autogramme sind identisch. Das hier«, er nimmt den beschriebenen Bogen vors Gesicht, »ist ein Kaufvertrag. Geschlossen zwischen Herrn René Bäßler, die Adresse kennen Sie, und Frau Roberta Manzik über ein Gemälde von Ernst Stöhr. Sie zahlten ihr dafür viereinhalbtausend Mark.«

Bäßler zuckt die Schulter. »Ist doch korrekt.«

»Ich habe auch nichts an dem Kaufvertrag auszusetzen«, sagt Bredow, »und ich will jetzt auch gar nicht wissen, woher Sie das viele Geld hatten, denn wenn ich Ihren Ausführungen Glauben schenke, sind Sie selbst nicht, nun, sagen wir mal: derart flüssig, um sich eine solche Ausgabe zu leisten.«

»Sie können es mich ruhig fragen. Die Antwort ist: Ich habe mir das Geld von meiner Oma geborgt.«

»Aber bei hunderttausend Mark, die Sie der Frau Manzik für den Schinkel geboten haben, hat vermutlich Ihre Großmutter das Handtuch geworfen.«

»Hören Sie«, die Entrüstung wirkt sehr überzeugend, »ich habe den Stöhr bei der Manzik gekauft, ja. Aber das hat mit der anderen Sache, die Sie mir vorwerfen, nicht die Bohne zu tun. Ich habe der Manzik weder diesen Betrag geboten noch das Bild übernommen. Das hat sie sich alles ausgedacht. Vielleicht hat sie das Bild verscherbelt und will jetzt noch mal Kasse machen. Hat sie denn irgendeinen Beweis dafür, dass sie mir – wie sie behauptet – das Bild zur Begutachtung überlassen hat?«

Das genau ist der springende Punkt. Die Übergabequittung, die Bäßler Frau Manzik laut deren Aussage gegeben hatte, ist nicht auffindbar. Vermutlich hat er sie ebenfalls gestohlen, mit einem Taschenspielertrick entwendet oder dergleichen. Bredow ist überzeugt, dass die korrekte Frau Manzik sich ein solches Papier hat ausfertigen lassen, und wäre es noch in ihrem Besitz, hätte sie es gewiss auch gefunden und es ihm vorgelegt wie eben jenen Kaufvertrag.

Auch Bäßler weiß, dass Bredow schlechte Karten hat, die Beweislage ist dürftig. Aussage steht gegen Aussage, ihm kann man nichts am Zeug flicken.

»Kann ich also gehen?« Bäßler erhebt sich. Er sei schon spät dran und wolle seine Kollegen nicht noch länger warten lassen.

Bredow schaltet resigniert das Band aus. Er kommt im Moment nicht weiter.

Es vergehen Tage und Wochen, Bredow und Genossen treten auf der Stelle. Major Künne möchte diesen Fall wie jeden anderen rasch abschließen, doch hier kommt man einfach nicht weiter. Schließlich hat er eine Idee. Er delegiert den Fall ans Dezernat X. Diese Abteilung im Polizeipräsidium ist für die Aufklärung schwerer Verbrechen und Serientaten zuständig. Erstens war von hunderttausend Mark die Rede, das ist kein Bagatelldelikt. Zweitens soll es sich um einen echten Schinkel handeln, der fällt unter nationales Kulturgut und hat auch eine politische Dimension. Die Genossen in der Keibelstraße haben da ganz andere Möglichkeiten als sie in der VP-Inspektion.

Am 19. August 1986 wird Bäßler ins Polizeipräsidium vorgeladen. Die oberste VP-Instanz in der Hauptstadt amtiert in einem wuchtigen Kasten unweit des Alexanderplatz, bis zum Krieg war es das Lager- und Verwaltungsgebäude des Karstadt-Warenhauses am Hermannplatz. Hinter dem Kasten steht ein nicht minder furchteinflößender Backsteinbau, der mit zum Präsidium gehört. Dort befindet sich ein Untersuchungsgefängnis.

Der Fall liegt nun bei Oberstleutnant Murner. Bäßler hat sich am Eingang gemeldet und ausgewiesen, ein Uniformierter bringt ihn ins Vernehmungszimmer. Dort erwartet ihn Murner bereits. Der Oberstleutnant reicht Bäßler zur Begrüßung die Hand und weist auf den Stuhl vor seinem

Schreibtisch. »Bitte.« Dann nimmt er selber Platz. Vor ihm liegen etliche Papiere.

»Sie wissen, warum ich Sie habe vorladen lassen.«

Bäßler nickt selbstbewusst. »Haben Sie endlich das Bild und den Dieb gefunden?«

Murner lacht hell auf. »Sie meinen den Dieb, der Ihnen angeblich am 31. Mai ein Bild aus dem Schlafzimmer gestohlen hat?« Er langt nach den Akten. »Nein, da muss ich Sie enttäuschen.«

Bäßlers Gesicht lässt keine Regung erkennen.

»Ich habe mir alle Protokolle und Aussagen angeschaut, die Sie gegenüber den Kollegen in Weißensee gemacht haben. Respekt.«

Murner registriert Bäßlers Erstaunen genüsslich und kommentiert seine Feststellung. »Wie Sie konsequent bei Ihrer Linie geblieben sind. Nicht einmal haben Sie sich verplappert. Chapeau.« Murner lehnt sich zurück und streicht sich übers kurz geschnittene Haar.

»Was heißt Linie? Ich bin bestohlen worden, und eine irre Alte bezichtigt mich des Diebstahls, den ich nicht begangen habe. Ich habe mich mit der Wahrheit verteidigt, sonst nichts.«

Bäßler redet schnell und erregt, aber selbstsicher. Murner hat dafür ein Gespür. Man muss nur oft genug eine erfundene Geschichte erzählen, dann glaubt man sie irgendwann selbst. Er kennt das von vielen Tätern. Grundsätzlich sind sie unschuldig, zumindest behaupten es zunächst alle. Doch etliche leugnen noch vor dem Richter ihre Veranwortung, weil sie inzwischen selbst von dem überzeugt sind, was sie in allen Vernehmungen berichteten. Ist Bäßler dieser Typ? Murner glaubt das nicht. Der fällt um, wenn man ihn unter Druck setzt. Er kennt solche Täter. Ihr Selbstbewusstsein ist gespielt, im Kern sind sie pflaumenweich. Die Frage, die sich Murner stellt, lautet: Wie setzt man Bäßler unter Druck?

»Okay, ich habe Sie verstanden. Aber ich glaube Ihnen nicht. Sie lügen. Das ist die einfache Wahrheit. Ihre Wahrheit ist fiktiv, ausgedacht, fernab der Realität.« Murner bleibt sanft, obwohl es ihn reizt, auf den Tisch zu hauen.

»Es gibt keine andere Wahrheit als meine.«

»Oh, werden wir jetzt philosophisch, Herr Bäßler?« Murner spitzt mokant den Mund. »Bevor Sie nun völlig in höhere Sphären entschwinden, will ich Sie auf den Boden der Tatsachen zurückholen: Sie haben der Frau das Gemälde vorsätzlich abgeluchst, die Übergabequittung geklaut und das Bild verscheuert. Anderenfalls hätten Sie es der Frau Manzik zurückgegeben, worum Sie die alte Dame wiederholt gebeten hat. Denn Sie sind kein abgebrühter, abgezockter kalter Hund. Das spüre ich.«

Murner beobachtet die leichten Regungen in Bäßlers Gesicht. Aha, denkt er, dafür ist er empfänglich.

»Sie haben es also verkauft. Warum haben Sie der alten Dame dann nicht wenigstens das Geld gegeben? Haben Sie nicht so viel bekommen wie erwartet oder was ist da schief gelaufen?«

Bäßler schweigt, Murner sieht, wie es hinter der Stirn arbeitet. Der Mund bewegt sich, die Lippen sind zu einem Strich zusammengepresst.

»Herr Bäßler, machen Sie reinen Tisch. Das Gericht wird Ihr Geständnis strafmildernd würdigen.«

Bäßler bleibt stumm.

»Kommen Sie, ich sehe doch, dass Sie etwas bedrückt. Hat man Sie über den Tisch gezogen? Reden Sie. Warum decken Sie Personen, die Sie erst in die Grütze geritten haben? Sie sind doch kein schlechter Mensch. Ihre Kollegen im Betrieb sagen nur Gutes über Sie, Ihr Chef ist des Lobes voll.«

Murner schlägt den Aktendeckel auf, blättert.

»Hier, zweimal schon als Aktivist ausgezeichnet. Und das mit dreißig. Wissen Sie, wie lange ich strampeln musste, ehe ich Aktivist wurde? Da war ich schon lange über dreißig.« Murner macht eine Pause, als entsinne er sich der Veranstaltung, während der ihm erstmals das goldfarbene Metall mit dem DDR-Emblem an die Uniform geheftet wurde. Das war zum 7. Oktober und die Belohnung für die Aufklärung eines besonders komplizierten Falles.

Bäßler senkt den Blick zu Boden. Seine Hände arbeiten, sie ringen geradezu miteinander.

Murner weiß, dass er fast gewonnen hat. »Denken Sie an Ihre Großmutter, an Ihre Kollegen. Was meinen Sie, wie stolz die alle auf Sie sind, wenn bekannt wird, dass Sie der Kriminalpolizei bei der Ergreifung eines Verbrechers und der Wiederbeschaffung eines einzigartigen Kunstwerkes behilflich waren. Vielleicht bekommen Sie dafür zum dritten Mal den Aktivisten?«

Dem Vernehmer ist klar, dass das blanke Demagogie ist. Bäßler bliebe dennoch der betrogene Betrüger, und dafür verdient er bestraft und keineswegs ausgezeichnet zu werden. Aber eine kleine Übertreibung kurz vorm Ziel ist zulässig, denkt der Oberstleutnant. Und wartet.

Nach einer endlos langen Zeit presst Bäßler zwei Worte zwischen seinen schmalen Lippen hervor.

»Dieses Schwein!«

Murner weiß in diesem Moment: Er hat gewonnen. Er muss nicht nachfragen, Bäßler wird von allein reden. Er wartet.

»Der Sauhund ist abgetaucht, verschwunden, reagiert nicht auf Anrufe. Zwanzigtausend West sollte ich kriegen, dann hat er gesagt, man habe festgestellt, dass das Bild eine Fälschung sei, weshalb ich nichts kriegen sollte. Seither ist er weg.«

Murner richtet sich auf. »Moment, was sagten Sie da? Sprachen Sie von Westmark?«

»Na klar, der Wernig ist doch aus Westberlin.«
Murner pfeift vernehmlich durch die Zähne.

»Jetzt mal der Reihe nach, Herr Bäßler. Wer ist Wernig, und was haben Sie mit dem zu schaffen?«

»Den Dietmar kenne ich schon sein einige Jahren. Wir treffen uns ab und zu.« Bäßler beginnt zu drucksen, ihm ist klar, dass er sich nun selber belastet, denn die kleinen Tauschgeschäfte im grenzüberschreitenden Verkehr sind nicht zulässig. Der Staat DDR achtet nun mal auf sein Außenhandelsmonopol.

»Und dann haben Sie dem Wernig das Bild angeboten, von dem Ihnen gesagt worden war, es sei ein echter Schinkel?«

Bäßler nickt. »Der ist sofort angesprungen, und als ich ihm die Polaroids gezeigt hatte, war er nicht mehr zu bremsen, nachdem er seinen Abnehmer in Westberlin kontaktiert hatte. Ich sollte der Frau das Bild abkaufen, hat Dietmar gesagt, ihr notfalls bis zu hunderttausend Mark bieten.«

»DDR-Mark?«

»Klar. Die hätten sie in einer Wechselstube am Bahnhof Zoo eingetauscht. Ich glaube, dort kriegt man für eine DM sieben oder acht Ostmark. Das heißt, sie hätten für fünfzehntausend West ein echtes Schinkel-Gemälde bekommen.«

»Nicht zu vergessen: Ihre Provision von zwanzigtausend.«

»Gut, also für fünfunddreißigtausend West ein Bild, dass bestimmt ein Mehrfaches davon wert ist.«

Murner nickt. »Und so haben Sie mit Frau Manzik verhandelt?«

»Was heißt verhandelt? Ich habe ihr gesagt, dass ich an dem Bild interessiert sei, und jedes Mal etwas zugelegt, weil sie nicht verkaufen wollte. Am Ende waren wir dann bei jenem Betrag, den Wernig als Obergrenze genannt hatte.«

»Aber Sie haben getan, als wären Sie der interessierte Käufer, nicht der Unterhändler eines Westberliners?«

»Natürlich. Wobei ich mir nicht sicher war, ob Frau Manzik nicht doch ahnte, dass ich nicht der Käufer sein würde. Gut, ich hatte ihr viereinhalbtausend Mark auf den Tisch gelegt. Aber das hier war zwanzig Mal so viel, also garantiert nicht meine Liga, darüber war sie sich gewiss im Klaren. Aber es war auch kein Kauf: Sie hat es mir leihweise gegeben, damit ich es begutachten lasse.«

»Schön leichtfertig«, sagt Murner.

»Vertrauen gegen Vertrauen«, sagt Bäßler. »Wenn nur Misstrauen und Argwohn herrschen, kommt kein Geschäft zustande.«

»Das sagen ausgerechnet Sie!« Murners Entrüstung kommt von innen. »Leute wie Sie sorgen doch dafür, dass die Menschen immer vorsichtiger und ängstlicher reagieren, reagieren müssen, wenn jede Sorglosigkeit schamlos ausgenutzt wird.«

Bäßler senkt seinen Blick für einen Moment zu Boden.

Nach einer Weile versucht Murner das Gespräch wieder in Gang zu setzen. »Sie ließen sich also das Bild aushändigen. Und dann?«

»Dann habe das Bild aus dem Rahmen genommen, Nägel und Splinte, mit denen die Leinwand auf dem Keilrahmen verspannt war, entfernt, die Leinwand gerollt und Wernig das Bild so übergeben. Er hat es unters Hemd gesteckt und ist damit wieder nach Westberlin zurückkehrt.«

»Und was haben Sie mit den beiden Rahmen gemacht?«

»Die sollte ich auf der Müllkippe Petershagen entsorgen, nachdem ich sie zerlegt hatte. Das habe ich auch getan.«

»Sie hätten die Reste doch auch in die Mülltonne werfen können?«

»Das sei zu gefährlich, hat Wernig gesagt. Ich sollte es möglichst außerhalb von Berlin beiseite schaffen.«

Das erklärt, weshalb man unter dem Trödel in Bäßlers Wohnung keinen Rahmen gefunden hatte. Murner schüttelt den Kopf.

»Sie bleiben erst einmal hier.«

»Wie meinen?«

»Ich verhaftete Sie wegen des dringenden Tatverdachtes, ein wertvolles Gemälde widerrechtlich in Ihren Besitz gebracht und dieses mit Hilfe eines

Komplizen illegal außer Landes verbracht zu haben. Der Haftbefehl des Untersuchungsrichters, der Ihnen noch zur Kenntnis gegeben wird, enthält alle einschlägigen Paragrafen.« Murner drückt die Klingel an der Unterseite der Schreibtischplatte. Ein Uniformierter erscheint. »Abführen!«, sagt der Oberstleutnant. »Erste Etage.«

Der Gefängnistrakt erstreckt sich über sechs Geschosse, die Gänge winden sich um einen Lichtschacht. In der Zelle, die hier nicht Zelle, sondern euphemistisch Verwahrraum heißt, liegen bereits zwei U-Häftlinge auf der Pritsche. Bäßler wird mit Kopfnicken begrüßt, mehr nicht. »Tach«, sagt er und steigt auf das freie Oberteil von einem der Metalldoppelstockbetten.

Die Nachricht von der Inhaftierung Bäßlers erreicht sowohl die Großmutter als auch Frau Manzik in Adlershof. Sie führt zu unterschiedlichen Reflexen. Die Bildbesitzerin, die nie Zweifel daran hatte, dass sie von Bäßler bestohlen wurde, nimmt diese Tatsache als amtliche Bestätigung. Weil sie jedoch nicht nur Recht, sondern auch ihr Bild wiederhaben möchte, greift sie zur Selbsthilfe. Sie fährt in die Streustraße nach Weißensee. Dort, so weiß sie von René Bäßler, wohnt dessen Großmutter. Er hatte sie wiederholt in den Gesprächen mit ihr erwähnt, sie ist seine wichtigste Bezugsperson. Insofern, so glaubt Frau Manzik in ihrer wundersamen Naivität, könnte vielleicht ein Gespräch von Witwe zu Witwe Klarheit bringen. Eventuell könnte Frau Bäßler ihr helfen, wieder in den Besitz des Gemäldes zu kommen.

Das Treffen verläuft, wie nicht anders zu erwarten, höchst unbefriedigend. Frau Bäßler bestreitet jede Kenntnis von diesem Vorgang. Sie wisse nichts von einem Schinkel-Bild. Ja, es treffe zu, dass sie ihrem Enkel viertausendfünfhundert Mark geliehen habe, damit er den Stöhr habe kaufen können. Mehr aber sei ihr über die Aktivitäten ihres Enkels nicht bekannt, schon gar nicht, was die Beziehungen zu Frau Manzik betrifft.

Das Gespräch ist von einer unterdrückten Feindseligkeit überschattet. Aus der Sicht von Frau Bäßler ist einzig die Besucherin Schuld an der Inhaftierung ihres Enkels. Schließlich hatte Frau Manzik mit ihrer Anzeige den Stein ins Rollen gebracht. Wäre sie nicht zur Polizei gelaufen und hätte René des Diebstahls bezichtigt, wäre René noch in Freiheit. Sie sagt es nicht so, aber sie denkt es. Das spürt die Frau aus Adlershof, weshalb die am Ende des unangenehmen Gesprächs geäußerte Bitte, Frau Bäßler möge doch in Erfahrung bringen, wo sich das Bild augenblicklich befinde, ein frommer Wunsch ist.

Dies nämlich weiß auch Frau Bäßler nur andeutungsweise, weshalb die Rentnerin beschließt, sich selbst auf die Suche zu machen. Sie kennt Renés

Westberliner Spezi, seine Adresse in Moabit. Also fährt sie rüber. Wernig wohnt in der Turmstraße, sie hat sich die Nummer eingeprägt. Sie wird ihn überfallen und zur Rede stellen. An der Tür studiert sie die Klingelleiste. Aha, vierter Stock. Sie drückt auf den Knopf, die Haustür summt.

Im Treppenflur riecht es wie daheim, nur dass noch einige fremde Gewürze durchdringen. Kein Wunder, hier wohnen ja auch Türken, sagt sie sich, die kochen nun mal anders. Schritt um Schritt geht es nach oben. Dann endlich steht sie vor Wernigs Tür, die natürlich versperrt ist. Das ist ihr im Westen schon wiederholt aufgefallen, wenn sie jemanden besucht hat: Die drücken auf den Türöffner unten und interessieren sich nicht dafür, ob jemand zu ihnen oder nur einfach ins Haus will. Wenn man vor der Wohnungstür steht, muss man noch einmal klingeln, erst danach wird einem aufgetan.

Sie läutet. Hinter der Tür sind Geräusche zu vernehmen. Na klar ist Wernig daheim, sonst hätte er ja nicht die Haustür geöffnet.

Der Blick verrät alles. Überraschung und Unmut sind darin vereint, Ablehnung und Desinteresse.

»Was wollen Sie hier?« Man kennt sich also.

»Kann ich wenigstens reinkommen und mich setzen?« Der Atem geht kurz, sie ist eben eine alte Frau.

Wernig tritt beiseite und wirft noch einen prüfenden Blick in den Flur, ob jemand die Besucherin gesehen haben könnte. Das ist unnötig, denn im Hause interessiert sich niemand dafür, was außerhalb der eigenen vier Wände passiert. Aber Wernig hat eben so seine Reflexe.

»Geradeaus«, sagt er, »ins Wohnzimmer.«

Frau Bäßler hat für die Einrichtung kein Auge, sie steuert einen Sessel an und lässt sich darin nieder. Auf ihren Knien ruht das Handtäschchen mit dem Pass und dem Portemonaie mit wenigen Münzen, Vater Staat DDR gibt seinen Westreisenden nur wenig Taschengeld mit auf den Weg, weniger im Jahr, als die Westbesucher im Gegenzug für einen Tag zu tauschen haben.

Ehe Wernig seine Frage nach dem Anlass des Besuches wiederholen kann, bellt die Frau los. »René sitzt. Ihretwegen.«

Wernig schiebt die schwere Rolex an seinem linken Arm nach oben, damit sie nicht schlackert. »Nu ma sachte. Warum haben sie ihn eingelocht?«

»Wegen diesem Bild, das er Ihnen mitgegeben hat. Die Frau hat Anzeige erstattet, weil es ihr gestohlen wurde.«

»Ich habe ihm nicht gesagt, dass er es klauen soll.«

»Sie haben ihm aber gesagt, dass er hunderttausend Mark anbieten soll. Und die haben Sie nicht gezahlt. Sie haben das Bild genommen und sich nicht wieder gemeldet.«

»Moment.« Wernig hebt beschwichtigend die Hände, die Rolex klappert am Gelenk. »Ich habe mich mit ihm getroffen und ihm gesagt, dass mein Kunde festgestellt hat, dass das Bild nicht echt sei. Deshalb hat er auch nicht die ursprünglich vereinbarte Summe gezahlt.«

Frau Bäßler überlegt. »Aber selbst davon haben Sie René nichts abgegeben.«

Wernig grinst süffisant. »Wir haben uns ja nicht mehr gesehen.«

»Ja, weil er in U-Haft sitzt.« Nach einer Pause setzt sie nach. »Ich brauche sofort das Bild. Sofort.«

»Das geht nicht. Es ist verkauft.«

»Dann kaufen Sie es zurück.«

»Das geht schon gar nicht.«

»Warum nicht? Sie sagen ihm, wie die Sache steht, und gut ist.«

Wernig lacht. »Ich mach mich doch nicht zum Obst.«

»Und deshalb soll mein Enkel einsitzen? Der dreht noch durch. Die erwägen bereits, ihn in die Psychiatrische zu verlegen. – Nein, Herr Wernig, so läuft das nicht. Holen Sie das Bild zurück, ich nehme es mit nach drüben und gebe es bei der Polizei ab, und René wird aus der U-Haft entlassen.«

Das Schloss Charlottenburg, das Roberta Manziks
Schinkel als vermeintliche Fälschung kaufte

Wernig läuft im Zimmer auf und ab. »Das geht wirklich nicht.« Er geht zum Schrank und wühlt in irgendwelchen Papieren. Er zieht ein Blatt hervor und knallt es auf den Tisch. »Darum nicht!« Das Schreiben sieht sehr offiziell aus, im Kopf ist das Schloss Charlottenburg zusehen.

Sie überfliegt den Kaufvertrag. Darin versichert Dietmar Wernig, der rechtmäßige Eigentümer des Bildes zu sein, bei dem es sich um eine Kopie eines Gemäldes von Karl Friedrich Schinkel handele. Dafür erhalte Herr Wernig fünftausend D-Mark. Unterschrift, Stempel, aus.

»Das geht doch nicht.« Frau Bäßler ist fassungslos. »Sie waren doch gar nicht der Eigentümer.«

»Ihr Enkel vielleicht?«

»Und die fünftausend haben Sie allein eingestrichen!« Dann schweigt sie für einen Moment. »Aber wieso kaufen die eine Kopie?«

»Warum, warum. Was weiß ich.«

»Sie müssen das Bild zurückkaufen!«

Wernig lacht hell auf. »Erstens werden die das nicht wieder hergeben, zweitens: womit soll ich es bezahlen?«

»Na, mit den fünftausend Mark.«

»Die sind schon lange weg. Man hat so seine Verbindlichkeiten, nicht wahr.« An Wernigs Gelenk schlackert die Rolex. Er schiebt sie wieder nach oben und setzt seinen rastlosen Gang im Zimmer fort.

»Nebenbei: Wissen Sie, ob er gegenüber den Vopos meinen Namen erwähnt hat?«

Natürlich weiß Frau Bäßler das nicht, sie war ja bei den Vernehmungen nicht dabei. Aber sie weiß, was es für Wernig bedeuten könnte. Er liefe Gefahr, bei der nächsten Einreise in der DDR festgenommen zu werden. Ihre Wut auf diesen Spitzbuben, der ihren Enkel betrogen hat, wird zur Rache. »Natürlich hat er alles erzählt. Am Ende ist sich jeder selbst der Nächste.«

Wernig bleibt abrupt stehen. »Dieser Vollidiot. Damit bin ich am Arsch!«

»Tja«, sagt Frau Bäßler und erhebt sich. »René ist es auch.«

Unterdessen ermitteln die Genossen im Dezernat X weiter. Die Suche auf der Müllkippe in Petershagen verliefen ergebnislos. Natürlich. Unter den Tonnen städtischen Abfalls ein paar Holzteile zu finden, die mal zu einem alten Bilderrahmen gehört haben, war aussichtslos. Da findet sich eher die berühmte Nadel im Heuhaufen. Murner war sich dessen vorher bewusst, aber er wollte sich nicht vorwerfen lassen, diesen Hinweis ignoriert zu haben.

Wesentlich erfolgversprechender erschien ihm der Hinweis von Frau Bäßler. Die hatte ihm bei einer neuerlichen Vernehmung berichtet, dass sie in Westberlin bei dem Wernig gewesen sei, um das Bild zurückzuholen. Sie habe gehofft, ihren Enkel auf diese Weise aus der U-Haft freizubekommen. Murner wusste, dass sie sich damit strafbar machte, verschwieg es aber, denn warum sollte er die alte Frau zusätzlich belasten: Es hatte ja nicht funktioniert, das Diebesgut über die Grenze zu schmuggeln. Aber unabhängig davon hegt er Zweifel an ihrer Rolle in diesem Fall; so unbeteiligt und uninformiert scheint sie nicht zu sein, wie sie vorgibt. Woher, zum Beispiel, kennt sie Wernig und dessen Adresse?

Das ist momentan aber nicht Murners größtes Problem. Er will das Bild zurück in die DDR holen und damit den Fall abschließen. Also informiert er seinen Vorgesetzten, dass das Bild laut Zeugenaussagen erstens in Westberlin sei und zweitens von der Sammlung Schloss Charlottenburg für fünftausend D-Mark erworben wurde. Der Genosse Oberst möge auf dem großen Dienstweg dort um die Herausgabe nachsuchen.

Es gibt zwischen der DDR und den Behörden in Westberlin keine Rechtshilfeabkommen, und wenn es Fragen zwischen Dienststellen in der DDR-Hauptstadt und Westberlin zu klären gibt, kommuniziert die im Außenministerium für Westberlin zuständige Abteilung mit der Senatskanzlei. Westberlin ist Ausland, folglich ist das Ministerium für Auswärtige Angelegenheiten der DDR dafür zuständig. Aber auch das ist es nur formell. Denn zuständig für alle auswärtigen Angelegenheiten fühlt sich der Generalsekretär des ZK der SED. Er prüft und entscheidet in letzter Instanz. In diesem Fall ist er dafür.

Oberstleutnant Murner bekommt nach einigen Tagen den Hinweis seines Vorgesetzten, das alles »auf dem Weg« sei. Das heißt: Westberlin ist informiert. Natürlich ist unklar, ob die Sammlung Schloss Charlottenburg das Bild herausgeben wird – immerhin hat man dort auf Treu und Glauben einen nennenswerten Betrag dafür ausgegeben. Andererseits ist es eine – nach DDR-Verständnis – staatliche Institution, keine private Einrichtung. Wenn also der politische Wille vorhanden ist, wird sich da was tun. Hatte zu Beginn des Jahrzehnts, als Richard von Weizsäcker Regierender Bürgermeister von Berlin war, nicht schon einmal ein großer Kunsttausch stattgefunden? Für die in Westberlin eingelagerten Marmorfiguren von der Schlossbrücke, auf der seit Kriegsende nur die Denkmalstümpfe standen, gab die DDR die Unterlagen der Königlich Preußischen Porzellanmanufaktur (KPM). Das war ein ehrlicher Handel, der die ideologischen Vorbehalte ignorierte, die auf beiden Seiten bis dato in dieser Frage geherrscht hatten. Warum sollte sich nicht auch in diesem Falle etwas bewegen?

Und es geschieht.

Das Bild kehrt in die DDR zurück und wird der Besitzerin, Frau Manzik aus Adlershof, zurückgegeben.

In einem Verfahren wird René Bäßler wegen verbrecherischen Diebstahls zum Nachteil persönlichen Eigentums und Vortäuschung einer Straftat rechtskräftig verurteilt. Details zum Urteil und seine Begründung sind nicht bekannt.

Und es gibt noch weitere bislang ungeklärte Geheimnisse.

Die seinerzeitigen Untersuchungen zu Echtheit und zur Herkunft des Gemäldes erbringen keine eindeutigen Aussagen, wie es in dem am 5. November 1986 gegebenen Sachstandsbericht des Dezernats X zum Ermittlungsverfahren heißt. Die

Vermutung, dass es sich um ein Werk des Kunst-
fälschers Otto Wacker handeln könnte, wird weder bestätigt noch ganz ausgeräumt.

Auch der Chefrestaurator des Märkischen Museums Berlin, Ingolf Timm, wird konsultiert. Der
schreibt in seinem Gutachten, dass es sich »mit
Wahrscheinlichkeit« um ein bisher unbekanntes
Original des Malers Karl Friedrich Schinkel handele. Es stamme vermutlich aus der ersten Hälfte
des 19. Jahrhunderts. In seiner Argumentation
stützt sich Timm auf ein Aquatintablatt mit der
Bezeichnung »Propyläen einer Tempelanlage«, das
im Märkischen Museum einliegt. Die Radierung
trägt den handschriftlichen Vermerk »Schinkel
fec.« und »geätzt von Frick« sowie die Inventur
Nummer VII 78/141 W. Timm verweist darauf,
dass Friedrich Frick seinerzeit auf Basis von Schinkels Vorlagen arbeitete. Wie der Wissenschaftler
feststellt, stimmt dieses Blatt in allen wesentlichen
Details mit dem in Rede stehenden Schinkel-
Gemälde überein.

Als zweiter Experte wird der Kunsthistoriker
Dr. Konrad Riemann von den Staatlichen Museen
Berlin hinzugezogen. Er taxiert das Ölgemälde im
Falle seiner Echtheit auf 100 000 Mark.

Im Frühjahr 1989, also mehr als zwei Jahre nach
Verurteilung Bäßlers und der Rückgabe des Gemäl-
des an Frau Manzik, informiert die Tageszeitung
Neues Deutschland in einem Beitrag unter dem Ti-

tel »Die abenteuerlichen Wege der Propyläen aus Athen«, dass das Märkische Museum ein bislang unbekanntes Schinkel-Gemälde erworben habe. Das Bild sei nicht im Werkverzeichnis aufgeführt gewesen, weil Schinkel es vor seiner Erfassung einer märkischen Familie geschenkt habe. Deren Nachkommen hätten es in den späten 50er Jahren an ein Berliner Ehepaar, die Manziks, veräußert.

Im Weiteren schildert der Autor den Diebstahl und das Verbringen des Bildes nach Westberlin. Er erklärt auch, warum die Gutachter im Schloss Charlottenburg der Auffassung waren, dass es sich um eine Kopie handele: Es habe die sonst übliche Signatur auf der Rückseite gefehlt.

Die Zeitung zitiert auch ausführlich die Expertisen von Ingolf Timm und seinem Kollegen Dr. Konrad Riemann von den Staatlichen Museen. »Diese Aquatintaradierung des seinerzeit bekanntesten Berliner Stechers, Friedrich Frick, wird im dritten Band des von Alfred Freiherr von Wolzogen 1863 herausgegebenen Schinkel-Nachlasses als nach einer Zeichnung des Künstlers entstanden erwähnt. Auch in Johann Albert Eytelweins Handbuch der Perspektive von 1810 ist es als großformatiges Blatt im Illustrationsteil enthalten.«

Und tatsächlich fällt nicht nur dem geübten Betrachter auf, dass das Tor und die Bäume auf der unteren linken Bildseite mit der Darstellung auf dem Gemälde übereinstimmen. Lediglich vier der

Der Komplex des Märkischen Museums,
letzter bekannter Besitzer des geheimnisvollen
Schinkel-Gemäldes

zahlreiche Figuren fehlen. Eine Infrarot-Untersuchung ergibt, dass eine dieser fehlenden Figuren zunächst gemalt, später aber von Schinkel wieder übermalt worden war.

Als Entstehungszeit geben die Kunsthistoriker die Jahre zwischen 1803 und 1810 an.

Roberta Manzik verkaufte schließlich das Bild an das Märkische Museum, und das ist der eigentliche Anlass für den Zeitungsbeitrag.

Wie es heißt, soll es nun restauriert und mit einem neuen Rahmen versehen werden. Im Herbst 1989 soll es der Öffentlichkeit zugänglich sein.

Dazu kommt es jedoch nicht.

Im Herbst jenes Jahres treibt die Menschen etwas anderes auf die Straße. Das Interesse an einem kleinen Schinkel-Gemälde und seiner spannenden Geschichte ist angesichts der dramatischen Veränderungen in der DDR-Gesellschaft äußerst gering.

Wie sich bei den Recherchen für dieses Buch zeigt, verlieren sich in der »Wende« die Spuren des Gemäldes erneut.

Das Museum will das Bild weiterverkauft haben: an wen und wann, lässt sich nicht mehr feststellen. Die Aquantinta von 1810, die den entscheidenden Hinweis auf die Echtheit des Gemäldes gab, befindet sich heute in der Sammlung der Staatsbibliothek Berlin.

Vom Original verlieren sich alle Spuren.

Der Socken-Mörder

Gunther Fieseler hasste die Wochenenden. Sie waren für ihn Tage sinnlosen Leerlaufs. Unter der Woche war er beschäftigt, im Ministerium, hatte viele Verpflichtungen und auch was zu sagen. An Sams- und Sonntagen war er abgemeldet. Er verabscheute die Rituale, die für andere – Kollegen, Nachbarn und den Rest der Republik – offenkundig im Zentrum ihres Daseins standen: Auto waschen, mit der Familie den Tierpark besuchen oder, sofern man einen Garten hatte, schon am Freitag hinaus ins Grüne zu fahren, um zu grillen und Rasen zu mähen.

Um nicht als ein anormaler Bürger zu gelten, legte er mitunter ebenfalls Hand an den Lada. Dabei ging es ihm weniger um das Auto, sondern mehr darum, von möglichst vielen dabei gesehen zu werden. Heute hatte er geraume Zeit an den Scheiben putzen müssen, ehe die Schiborski in der Nr. 15 das Fenster öffnete, ihr Kissen auf der Brüstung platzierte und sich darauf legte. So würde sie den halben Tag zubringen, einen Zigarette nach der anderen rauchen und genau verfolgen, was sich alles so vor dem Block tat. Fieseler hatte wie gewöhnlich den Arm zum Gruß gehoben, und die Dicke mit den zotteligen grauen Haaren hatte zurückgewunken. Nun konnte er also Schluss machen mit dem Affentheater.

Er goss das Schmutzwasser in den Gully, warf Putzlappen und die Sprühflasche mit dem Putzmittel in den Eimer, schloss den Wagen ab und stieg die zweite Etage in seinem Aufgang hinauf.

Er zog den braunen ASK-Trainingsanzug aus, den er schon seit Jahrzehnten trug und dessen Gesäßpartie bereits so ausgebeult war, dass sie fast bis zu den Kniekehlen reichte. Er war jetzt 53, und die NVA-Zeit lag eine Ewigkeit zurück, wobei Fieseler nicht mehr mit Bestimmtheit sagen konnte, ob der Trainingsanzug von damals oder von einer späteren Reservistenübung stammte. Er gehörte zu ihm wie eine zweite Haut, darin konnte man sich wohlfühlen und auf dem Sofa fläzen, ohne Sorge haben zu müssen, dass die Bügelfalte zerknitterte.

Er zog die Jeans an, die er sich von der letzten Dienstreise in den Westen im Wortsinne abgehungert hatte. Pro Tag gab es hundert D-Mark, davon waren sechzig fürs Quartier vorgesehen und vierzig zur Verpflegung. Die Sätze standen seit Jahren unverrückbar fest und waren vermutlich von Buchhaltern festgelegt worden, die nie drüben waren und darum auch keine Ahnung hatten, in welchen Löchern Dienstreisende aus der DDR mitunter absteigen mussten, denn anständige Hotelzimmer kosteten inzwischen über hundert Mark. Doch Fieseler war mittlerweile wie die meisten seiner Leidensgenossen darauf trainiert, wie man mit einer Tafel Schokolade und drei Bananen über den Tag kam, mitunter ließ man sich auch zum Essen einladen. Das auf diese Weise eingesparte Tagesgeld gab man dann für modische Klamotten oder Technik aus, die es in der DDR nicht gab oder unerschwinglich teuer war. Er war nicht Krösus, als leitender Mitarbeiter verdiente er weitaus weniger als ein Betriebsdirektor. Das einzige Privileg, das er auch als ein solches empfand, war die Tatsache, dass er Reisekader war. Meist reiste er mit Delegationen, in denen man sich wechselseitig kontrollierte. Aber da er aufgrund seiner Dienststellung, also qua Amt, in etlichen internationalen Organisationen die DDR vertrat, fuhr er oft auch allein. Und das rechnete sich dann.

Fieseler streifte sich den Blouson über, zog die Wohnungstür ran und schloss ab. Wie stets an solchen Tagen suchte er den »Tender« zum Frühschoppen auf. Das war eine Kneipe im Bahnhof Lichtenberg, die dort nach dessen Umbau eingezogen war. Er war Stammgast und schüttete sich dort gern »einen auf die Lampe«. Niemand wusste, wer er war und was er machte, für den Wirt und die Servierkräfte war er Gunther, das genügte. Kollegen und Bekannte verirrten sich dorthin nie. Am Tresen im »Tender« fiel alles von ihm ab. Die strenge Selbstkontrolle, die er sonst 24 Stunden am Tag ausübte, nahm eine Auszeit. Diesbezüglich schien er nicht der Einzige zu sein. Manch komischer Vogel trank hier sein Bier, um dann anschließend mit einem anderen gemeinsam abzuflattern.

Bis auf zwei Gleisbauarbeiter in Arbeitskleidung und den üblichen Suffis am Stammtisch saß noch niemand im Lokal. Es war am späten Vormittag und ein Sonnentag im August, da hockten die meisten auf ihren Datschen oder warteten zu Hause darauf, dass das Mittagessen serviert wurde. Fieseler stellte sich an den Tresen, der Wirt grüßte kurz mit einem Kopfnicken und zapfte ein Bier. Nach und nach kamen weitere Gäste, Reisende zumeist, die einen längeren Aufenthalt zu überbrücken hatten und etwas essen oder trinken wollten.

Fieseler war bereits beim dritten Pils, als sich ein junger Mann, er hätte sein Sohn sein können, neben ihn an den Tresen stellte und ebenfalls ein Bier orderte. Der Bursche war großgewachsen, breitschultrig, die Haare waren raspelkurz geschoren, als käme er gerade aus dem Knast. Was natürlich Unsinn war, Fieseler wischte den Gedanken sofort beiseite. Wir lebten ja nicht in der Sowjetunion, wo man einen Sträfling schon allein an der Frisur identifizieren konnte.

Der Mann trank, wischte sich den Bierschaum von der Lippe und stellte das Glas vor sich hin.

»Das tat gut«, sagte er, halb an Fieseler gewandt, womit er zu erkennen gab, dass er nicht die ganze Zeit schweigen wollte, während er sein Bier trank. »Auch auf der Durchreise?«

»Nee, ich wohne hier.«

Schweigen. Dann: »Hat dich deine Alte rausgeworfen?«

Fieseler griente, reagierte aber nicht.

»Ich komme aus Oranienburg und habe mich mit Kumpels verabredet. Wir sind bei der Fahne. Da wollen wir es im Ausgang mal richtig krachen lassen. – Übrigens, ich heiße Ronny.«

Eine Pranke reckte sich ihm entgegen, die der eher introvertierte Fieseler nicht übersehen konnte. Sie schloss sich fest um seine weiche Bürohand.

»Mann, du hast ja vielleicht einen Griff!«

Ronny lachte. »Ich habe auf dem Bau gearbeitet. FDJ-Initiative Berlin, wenn du davon schon mal was gehört hast.«

»Hab ich. Lese doch Zeitung.« Fieseler hob zwei Finger in Richtung Wirt.

»Und was machst du so?«

»Nichts Besonders. Bin Lehrer von Beruf.«

Ronny lachte hell auf. »Was, du bist Pauker? So siehst du doch gar nicht aus!« Er musterte die Jeans und das bedruckte T-Shirt, auf dem, soweit der Blouson den Blick freigab, »Piss off« zu lesen war. Gut, eine mächtige Wanne spannte das Tuch ein wenig, und die Halbglatze über dem vollen Gesicht war auch nicht unbedingt Ausdruck von blühender Jugend. Doch die Klamotten widersprachen dem Alter deutlich.

Fieseler lächelte süßsauer und trank.

»Du hast mir noch gar nicht deinen Namen genannt.« Ronny war gesprächig wie ein Bergbach und murmelte in einer Tour. Fieseler schien unschlüssig, ob ihn dieses unentwegte Geplapper nervte oder ob er Spaß an dieser Unterhaltung finden sollte. Er entschied sich für Letzteres.

»Gunther.«

Fast vier Stunden und etliche Biere später hatte Gunther jene unbedarfte Leichtigkeit, nach der er sich im nüchternen Zustand sehnte, sie aber nie fand. »Hast du Lust, noch einen Abstecher zu mir nach Hause zu machen?«

Ronny, der offenkundig den Treff mit seinen Freunden abgehakt oder vergessen hatte, fragte mit schwerer Zunge: »Warum?«

Fieseler lachte gequält. »Weil's bei mir gemütlicher ist. Und außerdem habe ich mir von meiner letzten Dienstreise eine HiFi-Anlage mitgebracht.

Da fliegen dir die Ohren weg, wenn du die hörst. Und wenn du die Bässe aufdrehst, schmerzt dir die Leber. So was hast du noch nicht erlebt. Wirklich.« Und wie zur Bekräftigung wiederholte er. »Wirklich, so was hast du noch nicht erlebt.«

Er strahlte den jungen Mann an, als würde er ihm gleich das achte Weltwunder zeigen.

»Okay, warum nicht? Wo wohnst du?«

»Gleich um die Ecke«, sagte Fieseler und zahlte.

»Zusammen?«, fragte der Wirt und grinste dabei.

»Alles«, sagte Fieseler und legte einen roten Fünfzigmark-Schein auf den Schanktisch. »Stimmt so.«

»Na, dann gute Verrichtung«, sagte der Mann hinterm Tresen.

Die beiden wankten über die Brücke Richtung Fernsehturm, der in der Spätnachmittagssonne funkelte.

»Ich wohnte da in dem Neubaugebiet links von der Frankfurter Allee.

»Ich fürchtete schon rechts davon.«

»Wieso rechts?« Fieseler schaute in die Richtung. Dann musste er feixen. »Ach so. Nee, dass ist das Ministerium für Staatssicherheit. Ich arbeite im Ministerium für Volksbildung, du Nase. Das wollen wir mal schön auseinanderhalten.«

Wenig später sperrte Fieseler die Wohnungstür auf.

»Wow«, entfuhr es Ronny, »schick, schick. Wohnst du hier allein?«

»Nein, nein. Meine Frau und unser Sohn sind in Bulgarien und machen Ferien.«

»Und warum bist du nicht mit?«

»Ich hatte doch eine Dienstreise, das habe ich dir doch schon gesagt. Die Urlaubsfahrt an den Goldenen Strand ließ sich so wenig verschieben wie meine Fahrt rüber.«

Ronny schwankte breitbeinig durch die Wohnung und pfiff ein ums andere Mal anerkennend durch die Zähne. Fieseler machte sich bereits am Kühlschrank zu schaffen. »Bleiben wir beim Bier, oder willst du härtere Sachen?«

»Ist mir egal«, kam es aus dem Wohnzimmer. Dann dröhnte Musik laut auf.

»Um Gottes willen«, brüllte Fieseler gegen die Dezibel an. »Da fällt die Schiborski von Sofa.« Er eilte ins Wohnzimmer und drehte die Lautstärke herunter. »Wir sind hier nicht auf dem Kasernenhof, das ist ein ordentliches Haus!« Er warf einen tadelnden Blick auf Ronny, der es sich bereits auf dem Ledersofa bequem gemacht hatte. »Entschuldige.«

»Sag mal«, begann Ronny vorsichtig, »deine Frau scheint schon lange in Bulgarien zu sein.«

»Wie kommst du darauf?«

»Das sieht mir eher wie ein Junggesellenhaushalt aus. Alles ein wenig chaotisch, nicht?«

Fieseler senkte den Blick zu Boden, als schämte er sich. »Meine Frau ist ausgezogen, stimmt. Wir leben getrennt. Hat nicht so gut zusammengepasst bei uns. Aber deshalb lassen wir beide uns doch die Stimmung nicht vermiesen.«

Er ging wieder in die Küche und kehrte alsbald mit einer Flasche Weinbrand Edel aus Wilthen zurück.

»Zur Feier des Tages.«

Er nahm aus der Schrankwand zwei dickbauchige Cognac-Schwenker mit Goldrand und schenkte ein.

»Zum Wohl!«

Im Hintergrund dudelte harte Musik, Ronny nickte rhythmisch mit dem Kopf, als stünde er auf einer Bühne. Fieseler schenkte immer wieder ein. Dann endlich glaubte er, ausreichend Mut getankt zu haben und rückte auf dem Sofa näher.

»Ronny, ich muss dir was sagen«, sagte er mit schwerer Zunge.

»Was?«

»In dem Moment, als du durch die Tür gekommen bist, hab ich mir gedacht: das ist ein Typ. Du hast mir gleich gefallen, echt. War keine Sekunde langweilig mit dir.«

»Sehe ich auch so. Bist auch ein dufter Kerl.«

»Wirklich?«

»So wie ich es sage.«

Fieseler wirkte gerührt und rückte noch ein

Stückchen näher, legte seine Hand auf Ronnys Oberschenkel und spitzte seine feuchten Lippen.

Der Bauarbeiter blickte irritiert. »Eh, Gunther, was soll das?« Er hatte inzwischen zwar mächtig einen in der Krone, war aber noch soweit bei klarem Verstand, dass er Eins und Eins zusammenzählen konnte.

Fieselers Hand war inzwischen höher gerutscht und umschloss seinen Schwanz. Ronny war plötzlich fast nüchtern und stieß den Arm weg.

»Lass den Scheiß. Ich bin nicht vom anderen Ufer!«

Fieseler verstand nicht und wähnte die Reaktion als Teil eines Spielchens. Er drängte nach, versuchte immer wieder, Ronny zu küssen und in den Schritt zu greifen. Je heftiger sich dieser wehrte, desto gieriger wurde er. Der junge Mann versuchte sich aus der Umklammerung zu befreien, was ihm schließlich auch gelang. Er sprang auf, stürzte aber sogleich wieder zu Boden, dann wurde es dunkel um ihn. Beim Fallen hatte er noch kurz die Kante des Couchtisches gesehen, gegen die sein Kopf schlug.

Irgendwann kam er wieder zu sich. In seinem Schädel wummerte es unerträglich. Sein Mund war trocken wie die Wüste Sahara, nur mit Mühe ließen sich die Lider heben. Das Licht, das in seine Augen fiel, schmerzte. Er blickte gegen die Decke, dann drehte er langsam den Kopf und sah, dass er in einem Bett lag. Durchs Fenster schien die Sonne. Wo war er?

Nach und nach kehrte die Erinnerung wieder. Er war nach Berlin gefahren, um sich mit seinen Freunden zu treffen, und in der Bahnhofskneipe versumpft, war mit diesem Arschpauker mit der Halbglatze nach Hause getorkelt und hatte mit diesem weitergesoffen, bis … Ronny hob die Bettdecke. Er war nackt.

Die schwule Sau hatte doch nicht etwa …?

Neben dem Bett lagen seine Sachen verstreut. Er konnte sich nicht daran erinnern, dass er sich ihrer entledigt hatte. Aber da lagen auch die Klamotten von diesem alten Sack, der ihm gestern an die Wäsche wollte. Wollte? Ronny war sich nicht sicher, ob es nur bei diesem Vorsatz geblieben war. Allein die Vorstellung verursachte ihm Ekel. Und wo war der Kerl?

Er versuchte sich zu erheben. Alles um ihn herum kreiste. Ronnys Kopf fiel zurück aufs Kopfkissen. So voll war er lange nicht gewesen, und vielleicht hatte er sich zudem eine Gehirnerschütterung beim Sturz zugezogen. Trotzdem: Er musste hier raus, egal wie.

Er unternahm einen neuen Anlauf.

In diesem Moment erschien Fieseler im Morgenmantel in der Tür. »Na, Herzchen, aufgewacht?«

Ronny drehte sich der Magen um. Er schwieg und starrte zur Decke.

In seinen Blick schob sich Fieselers volles Gesicht.

»Hast du gut geschlafen?«

Offensichtlich hatte er sich noch nicht gewaschen und die Zähne geputzt. Säuerlich riechender Atem drang in Ronnys Nase, er würgte.

»Wenn du kotzen musst, geh ins Bad.«

Die Aufforderung klang herrisch. Ronny nahm alle Kraft zusammen und schnellte mit seinem Oberkörper nach oben. Mit seiner Stirn traf er auf Fieselers Nase, es knallte richtig. Er selbst aber spürte diesen Schmerz kaum, da in seinem Schädel ohnehin ein ganzes Hammerwerk arbeitete.

Fieselers stürzte wimmernd zu Boden und hielt sich die Nase, aus der Blut auf den weißen Bettvorleger tropfte. Ronny rollte sich aus dem Bett, er hatte jede Kontrolle verloren und wusste nur eins: Wenn er aus der Wohnung wollte, musste er die Schwuchtel ausschalten. Dieser Wunsch und abgrundtiefer Ekel und Hass gegenüber diesem Mann trieben ihn. Vielleicht vernebelte auch der Restalkohol seine Sinne, er war in diesem Moment jedenfalls außer sich, würgte Fieseler mit den Händen, trommelte gegen den Brustkorb und griff nach einer herumliegenden Socke. Er stopfte sie ihm in den Mund. Ganz tief rein, bis hinein in den Rachen. Der versuchte sich zu wehren, strampelte mit Beinen und Armen, doch die Kräfte versagten alsbald.

Erschöpft lag Ronny noch eine Weile neben dem Toten. Dann erhob er sich, raffte seine Kleider zusammen und zog sich langsam an. In der Küche drehte er den Wasserhahn auf, steckte den Kopf darunter und ließ sich minutenlang kaltes Wasser über den Nacken laufen. Anschließend trank er, um die Trockenheit in seinem Mund zu löschen.

Langsam konnte er auch wieder logisch denken. Er musste Spuren beseitigen! Was alles hatte er angefasst? Er holte die Gläser aus dem Wohnzimmer und spülte sie ab. Danach suchte er eine Tasche. Dabei öffnete er jede Tür mit einem Taschentuch in der Hand. Er fand eine Reisetasche. In die versenkte er die Musikanlage, eine Kamera und den Taschenrechner. Das, so schien ihm, war eine angemessene Entschädigung für die erlittene Schmach.

Hatte der Kerl nicht erzählt, dass er einen dunkelblauen fünfzehnhunderter Lada besäße? Wo waren die Schlüssel, wo die Papiere?

Ronny durchwühlte den Blouson. In der Brusttasche steckte die Brieftasche. Ausweis, Geld, da, die Fahrerlaubnis und die Fahrzeugzulassung. Er nahm diese. In der Schüssel auf der Flurgarderobe vor dem Spiegel lagen etliche Schlüssel. Er durchwühlte sie und fand, keineswegs überrascht, den Tür- und Zündschlüssel des Autos.

Ein letzter prüfender Blick verriet ihm, dass die Leiche von der Tür aus sofort sichtbar gewesen wäre. So leicht wollte er es der Polizei nicht machen. Federnden Schrittes, beschwingt ob seiner klugen Einfälle, zog er die Schlafzimmertür zu. Der Schlüssel steckte im Schloss, er sperrte ab und versenkte diesen in seiner Hosentasche.

Der Wohnungsschlüssel lag noch auf dem Couchtisch, wo ihn Gunther achtlos hingeworfen hatte. Er nahm ihn, verließ leise die Wohnung und schloss die Tür von außen ab.

Nicht weit vom Eingang stand der Lada. Ronny atmete tief durch und marschierte schnurstracks zu dem Wagen, als wäre es sein eigener. Innerlich bebte er vor Erregung: Was, wenn es der falsche war und ihn jemand beobachtete?

Doch der Schlüssel passte. Ronny ließ sich auf den Fahrersitz sinken, nachdem er die Tasche auf den Beifahrersitz gewuchtet hatte. Er drehte den Schlüssel im Zündschloss, der Motor sprang augenblicklich an. Mit Schwung drückte er aufs Gaspedal und ließ die Kupplung kommen. Der Motor jaulte auf wie eine wütende Raubkatze, das Auto machte einen Satz. Noch nie hatte er einen Shiguli gefahren, nur immer Trabant. Er hätte ahnen können, dass da mehr Bums unter der Haube war. Gottlob stand kein Fahrzeug vor ihm, alle waren am Sonntagmorgen ausgeflogen, so dass es keinen Blechschaden gab. Vorsichtig steuerte er im ersten

Gang das Auto in die Spur. Er folgte der Einbahnstraße durch das Plattenviertel bis zur Frankfurter Allee. Als die Ampel auf Grün schaltete, bog er auf die Straße, die stadtauswärts führte, und tauchte ein in die anonyme Blechlawine, die sich Richtung Osten bewegte.

Horst Gränitz liebte die frühen Morgenstunden, wenn ganz Lehnitz noch in den Sonntagsfedern steckte und er mit Che ungestört durch den Wald streifen konnte. Es war für ihn das höchste der Gefühle, der Welt beim Erwachen zuzusehen – weswegen er stets versuchte, den Sonnenaufgang zu erleben.

Als Gränitz sein Haus im Adlerweg am Sonntagmorgen verließ, störte ein ungewohnter Fremdkörper die friedliche Kulisse am Dorfrand: Ein paar Meter entfernt, halb von der üppigen Vegetation versteckt, parkte ein dunkelblauer Lada. Gränitz hatte den Wagen nur entdeckt, weil er ohnehin am Ende der Straße wohnte – direkt hinter seinem Haus verlief die S-Bahn-Trasse nach Berlin und trennte den dichten Wald in zwei Hälften. Ein paar Häuser weiter oder gar von der Hauptstraße aus musste der Wagen hingegen völlig unsichtbar sein. Er kannte die Autos aller Nachbarn – sofern sie denn welche besaßen –, und auch kein Fremder stellte hier seinen Wagen ab, um zu wandern oder dergleichen. Gränitz' Misstrauen war geweckt.

Der Schäferhund an seiner Seite schien seinen Argwohn zu teilen. Che zerrte an der Leine.

Niemand saß im Lada, die Fahrertür war nur angelehnt. Gränitz sah sich um, aber weit und breit war niemand zu sehen – außerdem hätte Che Laut gegeben, wenn jemand hinterm Busch gehockt hätte.

Für Gränitz sah alles nach Diebstahl aus. Vielleicht hatten ein paar Jugendliche eine Nacht lang Spaß mit einem geklauten Wagen gehabt und ihn, nachdem der Tank leer war, hier stehen lassen. Davon las man gelegentlich in der Zeitung.

Für Gränitz war damit klar, was zu tun war. Mit festen Schritten legte er die letzten Meter zum Wagen zurück, öffnete die Tür und riskierte einen Blick: Der Schlüssel steckte nicht mehr, dafür fand Gränitz im Handschuhfach die Fahrzeugzulassung. Das genügte, mehr musste er nicht wissen.

»Che, unser Spaziergang muss noch ein bisschen warten«, seufzte Gränitz und ging zurück zum Haus, um die Volkspolizei über seinen Fund zu informieren.

Leutnant Husemann hatte ein ungutes Gefühl bei der ganzen Sache. Dabei war der Auftrag denkbar einfach: Er sollte in die Albert-Hößler-Straße fahren und den Fahrzeughalter informieren, dass sein Lada in Lehnitz gefunden worden sei. Unversehrt. Im Handschuhfach hatte sogar die Zulassung gelegen. Das Auto war weder als vermisst oder gestohlen gemeldet worden. Und der Versuch der VP in Oranienburg, Fieseler telefonisch zu erreichen, blieb erfolglos, niemand nahm den Hörer ab. So hielt man es für angezeigt, die VP-Inspektion Lichtenberg zu informieren und dort jemanden in die Spur zu schicken.

Husemann fuhr in Begleitung von Hauptwachmeister Strems. Sie klingelten unten an der Tür bei Fieseler, niemand öffnete. Der Leutnant ging die paar Stufen zurück auf die Straße und musterte die Fassade. Aus dem einen Fenster lehnte eine alte Frau.

»Guten Tag«, rief Husemann hinauf. »Wissen Sie, ob der Herr Fieseler zu Hause ist.«

»Nee, weeß ick nich«, kam es von oben herunter. »Ich weeß nur, det sein Auto wech is. Det hat er jestern früh noch geputzt. Heute morgen wars wech.«

»Haben Sie gesehen, wann er weggefahren ist?«

»Nee.«

»Können Sie mal bitte die Tür aufmachen.«

»Nee, isn anderer Uffjang. Müssen Se da probieren.«

Leutnant Husemann stieg erneut die Stufen zum Eingang hinauf. Strems hielt bereits die geöffnete Tür in der Hand und griente. »Zweite Etage, wir können laufen.«

Vor der Wohnungstür wiederholte sich das gleiche Spiel. Das Läuten bleibt ohne Reaktion.

»Klingeln wir mal beim Nachbarn?«

Auf Strems Klingeln öffnete eine junge Frau mit einem Kind auf dem Arm. »Ja, bitte.«

Strems führte grüßend die Hand zur Mütze. »Guten Tag, Hauptwachtmeister Strems. Sie wissen nicht zufällig, ob Herr Fieseler zu Hause ist?«

Die Frau schüttelte den Kopf. »Der ist ja ohnehin selten da.«

»War er denn gestern da?«

»Ja. Ich glaube, er hatte Besuch.« Sie verdrehte leicht die Augen. »Und vermutlich haben sie getrunken. Die Musik war ziemlich laut.«

»Wie lange ging das?«

»Den ganzen Nachmittag bis abends. Dann war Gott sei Dank Ruhe.«

»Sind Herr Fieseler und sein Besuch gegangen?«

»Keine Ahnung. Ich habe nichts gehört oder gesehen.«

»Das heißt, Sie wissen auch nicht, wann das Auto weggefahren ist und wer es gefahren hat?«

»Nein.«

Der Leutnant war inzwischen hinzugetreten. »Könnten Sie bitte als Zeugin dienen? Wir müssen die Tür öffnen, weil der Verdacht einer Straftat besteht.«

Die junge Frau nickte. »Ich muss dazu doch nichts machen. Oder?«

»Nein«, sagte der Hauptwachtmeister. »Sie müssen im Bedarfsfall nur bestätigen, dass alles korrekt verlaufen ist.«

Inzwischen hatte Leutnant Husemann sich mit seinem Besteck bereits an der Wohnungstür zu schaffen gemacht. Nach wenigen Sekunden schon sprang die Tür auf. »Voilà.«

Als Erstes bemerkte Husemann Alkoholgeruch und abgestandenen Zigarettenrauch – wie nach einer Party, dachte er. Vorsichtig betrat er den Flur, das Wohnzimmer sah vom Flur unaufgeräumt aus. »Hier ist es wohl heiß hergegangen.«

Auch in den anderen Räumen war keine Person zu sehen. Die eine Tür jedoch war verschlossen, vermutlich das Schlafzimmer. Noch einmal musste der universelle Dietrich eingesetzt werden.

Die Tür sprang alsbald auf, ein einfaches Kastenschloss stellte kein Hindernis dar.

»Schöne Scheiße«, entfuhr es Husemann, der als Erster den Raum betreten hatte. Vor dem Bett lag, gekrümmt wie ein Fragezeichen, ein Mann in einem Morgenmantel. Der Mund stand offen, die Nase war blutig.

»Ist das der Herr Fieseler?«

Die junge Frau mit dem Kind auf dem Arm brachte kein Wort heraus, nickte aber.

»Danke, wir brauchen Sie jetzt nicht mehr. Und«, der Leutnant legte den Zeigefinger quer über seinen Mund, »bitte darüber noch nichts an die Hauswandzeitung. Sie verstehen.«

Nachdem die Frau gegangen und die hinter ihr

Wohnungstür geschlossen war, griff Husemann zum Telefon und rief in der Inspektion an.

»Sie kommen gleich mit dem Arzt und den Kriminaltechnikern«, sagte er, nachdem er den Hörer aufgelegt hatte.

Dann hockte er sich neben die Leiche. Es war seine erste. Also seine erste im Dienst. Er hatte sich diesen Moment aufregender, spektakulärer vorgestellt. Da lag einer vor ihm, der aussah, als ob er schliefe. An der Nase war getrocknetes Blut zu sehen, sonst konnte er keine äußeren Verletzungen erkennen. Auch nicht, woran der Mann gestorben war. Am Hals meinte er Würgemale zu erkennen, war sich aber nicht sicher. Und was war das? Da steckte doch etwas im Mund. Es zuckte ihm in den Fingern, die Zähne auseinanderzudrücken, um nachzuschauen, doch er beherrschte sich. Das war Aufgabe der Spurensicherung. Er hatte, wie ihm am Telefon aufgetragen worden war, lediglich den Tatort zu sichern.

Schließlich fiel sein Blick auf die Füße des Toten.

»Denken Sie auch, was ich denke?«, fragte er Strems, der sich in der Wohnung umgesehen und sich nun neben dem Leutnant niedergelassen hatte. Auch er sah die rotlackierten Fußnägel.

»Ich weiß nicht, was Sie denken, Genosse Leutnant. Aber ganz sauber war der wohl nicht. Ich tippe auf Transe oder Schwuchtel.«

»Wissen wir, was er beruflich gemacht hat?«

»Keine Ahnung. Das scheint mir auch keine Wohnung zu sein, in der jemand immer lebte. Eher ...«

»Sie meinen: eine Absteige?«

»Ja, so was in der Art.«

»Und das bei der Wohnungsknappheit.« Der Leutnant schüttelt den Kopf. Seit der Offiziersschule lebt er in einem Ledigenwohnheim in Berlin, seine Frau mit dem Sohn musste noch immer in Cottbus bleiben, weil ihnen das MdI noch keine Wohnung in Berlin hatte zur Verfügung stellen können.

Wenig später fiel der Tross der Spurensicherung ein. Der Arzt begutachtete die Leiche und bemerkte nach der ersten oberflächlichen Musterung, dass sich etwas im Mund des Toten befand. Er öffnete ihn und zog mit einer Pinzette eine Männersocke hervor. Kopfschüttelnd hielt er sie vor die Kamera des Kriminaltechnikers. »Das habe ich ja noch nie gesehen.«

»Was, eine Socke?«

»Quatsch, dass damit jemand erstickt wurde. Klarer Fall, Tod durch Ersticken, die Details nach der Obduktion. Also ich denke, Ihr Chef sollte schon mal die Morduntersuchungskommission im Polizeipräsidium anfordern. Nach Suizid sieht das nämlich nicht aus.«

Wie zu vermuten, landete der Fall eben dort. Entscheidende Hinweise erwarteten die Kriminalisten von der Ehefrau, die jedoch im Ausland weilte. Inzwischen hatten sie ermittelt, dass der Tatort eine Dienstwohnung war, die das Ministerium dem Abteilungsleiter zur Verfügung gestellt hatte. Die Familie wohnte in Potsdam, und da es oft spät wurde auf Arbeit und man Fieseler nicht zumuten wollte, anschließend und übermüdet noch anderthalb Stunden rund um Berlin mit dem Auto zu fahren, hatte man ihm diese Stadtwohnung gegeben. Die Frau hatte ihre Potsdamer Wohnung nicht aufgeben wollen, zumal, wie sie später zu Protokoll gab, die Ehe keine besonders glückliche war und Scheidung eine zunehmend wahrscheinlichere Option war. De facto existierte die Verbindung nur noch auf dem Papier.

Hauptmann Bernd Brunzel von der MUK hatte unmittelbar nach ihrer Rückkehr aus dem Urlaub Frau Fieseler vernommen. Die Mitteilung vom gewaltsames Tod ihres Mannes nahm sie ohne erkennbare Anteilnahme auf. Sie sagte nur: »So musste es ja kommen.«

Brunzel hatte ein feines Gehör. »Wie meinen Sie das? Das klingt ja, als wenn es folgerichtig gewesen sei, dass Ihr Mann auf diese Weise sterben musste?«

»Eigentlich kannte ich meinen Mann nicht richtig«, hob sie an. »Er ließ niemanden an sich ran, nicht mal mich. Ich weiß es nicht.«

»Er trank.«

»Das allein war es nicht. Andere Männer saufen auch und lassen sich trotzdem in die Seele schauen. Ich glaube, er hatte eine dunkle Seite.«

»Können Sie das näher beschreiben? Ich weiß nicht, was Sie damit meinen.«

»Er stand manchmal mitten in der Nacht auf, sagte, er könne nicht schlafen und wolle ein wenig um die Häuser laufen. Dann kam er erst am Morgen wieder.«

»Betrunken.«

»Ja, mitunter. Aber er war dann meist völlig durch den Wind. Ziemlich zerzaust und wie durch den Fleischwolf gedreht. Auf meine Fragen reagierte er nicht.«

»Was dachten Sie?«

»Ich nahm an, dass er … Er liebte die harte Tour. So mit Schlagen und Demütigen …«

»Woher wollten Sie das wissen?«

»Weil er es ganz am Anfang unserer Beziehung mit mir versucht hatte. Ich empfand jedoch nichts dabei, ihn zu fesseln und zu peitschen, wie er es verlangte. Darum vermutete ich, dass er zu anderen Frauen ging, die es ihm auf diese Weise besorgten. Ich habe mal gelesen, dass insbesondere Männer mit Leitungsaufgaben, die also über anderen Menschen stehen, diese Art der Erniedrigung suchen.«

Brunzel machte sich Notizen. »Könnte es sein,

dass Ihr Mann bisexuell war? Ich meine, Sie haben ein Kind von ihm. Auf der anderen Seite gibt es Hinweise am Tatort und durch Zeugen, die darauf hindeuten, dass Ihr Mann homosexuell war.«

»Ich kann das weder bestätigen noch dementieren. Er ist nicht der Vater meines Sohnes, auch wenn er anfangs mit mir geschlafen hat. Doch damit war bald Schluss, weil ich seine Spiele nicht mochte. Und ob er schwul war … Geht das denn überhaupt zusammen? Ich habe davon keine Ahnung.«

»Ich auch nicht«, sagte Brunzel und das klang ziemlich erleichtert. »Wir haben jedenfalls Grund zu der Annahme, dass Ihr Mann von einem anderen Mann während eines Gelages in seiner Wohnung erwürgt wurde.«

»Das heißt doch nicht, dass er homosexuell war. War es sein Mörder?«

»Den suchen wir ja noch. Alles sieht eher nach einem Raubmord aus: Es fehlen etliche Sachen aus der Wohnung, und das Auto wurde in Lehnitz gefunden. Aber der Zustand, in dem wir die Leiche Ihres Mannes fanden …«

Hauptmann Brunzel machte ein nachdenkliches Gesicht.

»Reden Sie nur, ich bin hart im Nehmen.«

»Nun ja, er war nackt unter seinem Morgenmantel, und die Fußnägel hatte er rot lackiert. Also normal ist das nicht.«

»Ich schlafe auch unbekleidet und habe lackierte Fußnägel.«

»Sie sind aber kein Mann.«

»Ist es Männern verboten, ohne Pyjama zu schlafen?«

»Das nicht. Aber wenn noch ein weiterer Mann in der Wohnung schläft, ist das wohl etwas ungewöhnlich. Beziehungsweise legt das gewisse Schlüsse nahe.«

Am Morgen fanden sich Mitglieder der MUK in dem kleinen Besprechungsraum ein. Der Leiter erteilte Hauptmann Brunzel das Wort. »Wie ist der Stand, Bernd?«

Der knipste den Polylux an und zog die Vorhänge zu. Mit einer schwungvollen Bewegung legte er die vorbereitete Folie auf den Tageslichtprojektor und griff zum Zeigestab.

»Ich fange mal bei den Fakten an. Am Sonntag haben wir Fieseler tot in seiner Wohnung aufgefunden.« Brunzel deutete auf die Mitte der Folie, in der Fieselers Name zusammen mit einem Kreuz vermerkt war. Eine ganze Reihe von Pfeilen verwies auf die verschiedenen Ermittlungsschritte, die der Hauptmann und seine Mitarbeiter unternommen hatten. Mit seinem Stab folgte der Hauptmann einem der Pfeile zu einem Kreis, der mit »Obduktion« beschriftet war.

»Die Gerichtsmediziner haben gute Arbeit ge-

leistet und unsere ersten Vermutungen bestätigt.«
Er nahm das Gutachten und trug vor: »Die Haut
des Opfers war im Halsvorderseitenbereich stark
unterblutet, ebenso sämtliche Halsmuskelschich-
ten- und weichteile. Außerdem waren durch massive Gewalteinwirkung der Schildknorpel sowie
das Zungenbein gebrochen. Zusammen mit den
Abschürfungen und Verfärbungen an der Hals-
vorderseite lässt sich schließen, dass das Opfer erwürgt wurde. Der Täter hat sich aber nicht nur
auf seine bloße Muskelkraft verlassen, sondern
dem Getöteten außerdem eine Silastiksocke in die
Mundhöhle gestopft, die als Knebel dienen sollte.«

Leutnant Husemann, der die Leiche entdeckt
hatte und mit einem weiteren Kriminalisten aus
Lichtenberg zu den Ermittlungen hinzugezogen
worden war, meldete sich. »Ich habe mich gefragt,
ob die Socke eventuell Teil eines sexuellen Spiels
gewesen sein könnte. Immerhin haben wir – worauf wir später vielleicht noch zu sprechen kommen werden – einige Auffälligkeiten gefunden.
Die Socke steckte allerdings viel zu tief in der
Mundhöhle, als dass von einem gegenseitigen Ein-
verständnis die Rede sein könnte. Hinzu kommt,
dass der erste Brustwirbelkörper der Leiche gebrochen war. Die Gerichtsmediziner gehen deshalb
davon aus, dass dem Opfer vor der Erdrosselung
ein starker Schlag versetzt wurde. Das Zimmer
wies keine Kampfspuren auf.«

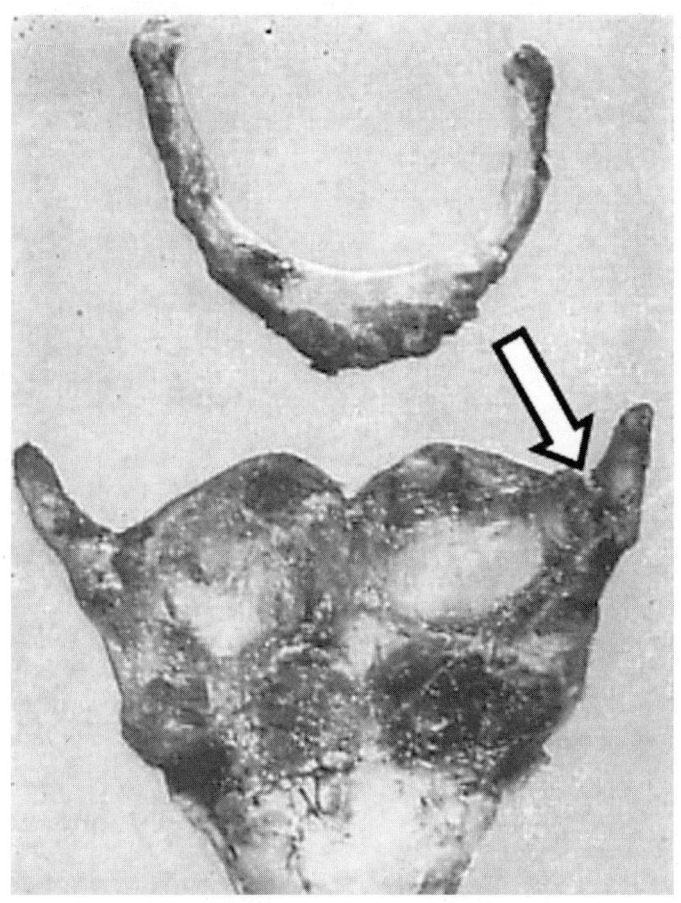

Das gebrochene Zungenbein des Opfers

»Kein Wunder, zumindest Fieseler war sturz-besoffen«, warf Brunzel ein.

»Dann hätte er ja ohnehin keinen mehr hoch-gekriegt.«

»Genossen, bitte«, der Leiter der MUK, Major Seidel, klopfte mit der Hand auf den Tisch.

Und an Hauptmann Brunzel gewandt: »Welche Ermittlungsschritte haben Sie eingeleitet?«

»Wir ermitteln insbesondere in der Schwulenszene.«

Der Major schüttelte den Kopf.

»Wir vermuten, dass Fieseler schwul war ... Es ist nicht gut, nur in eine Richtung zu ermitteln.«

»Fieseler war Nichtraucher, wir haben jedoch diverse Zigarettenkippen gefunden. Allerdings können wir damit so wenig anfangen wie mit den daktyloskopischen Spuren darauf. Sie sind leider unbrauchbar. Nur ein komplett abgerollter Fingerabdruck hilft weiter. Die Spurensicherung konnte einige Abdrücke feststellen, die nicht zu einem Tatortberechtigten gehören – also weder zur Familie Fieseler noch zu der Nichte des Getöteten und ihrem Ehemann, die vom 1. bis zum 6. August in dieser Wohnung übernachteten. Wir haben sie bereits vernommen, sie konnten nichts Essentielles beitragen.«

Brunzel war zunächst von der Ausbeute der Spurensicherung etwas enttäuscht gewesen, einen Hoffnungsschimmer gab es aber dennoch. Der Hauptmann nahm einen kleinen Schluck Wasser und setzte seinen Bericht fort. »Die Auswertung der Spuren ist natürlich noch lange nicht abgeschlossen, aber die besten Spuren, die die Kollegen bislang haben, sind zwei identische Fingerabdrücke. Ein Abdruck wurde auf der Weinbrandflasche

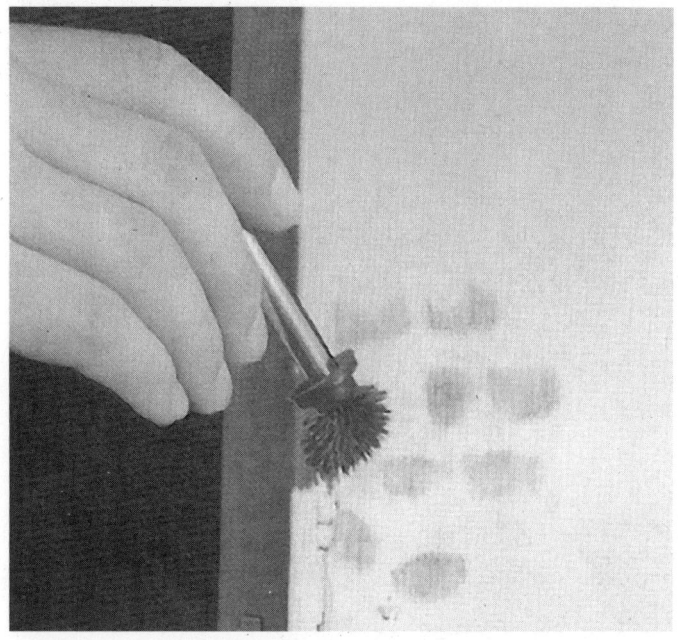

Sicherung von Fingerabdrücken am Tatort

gefunden, der andere an der Schlafzimmertür. Das war's dann aber auch schon wieder mit den guten Nachrichten: In unseren Datenbanken haben wir keine Übereinstimmung gefunden, der Täter ist also bislang nicht auffällig geworden und von uns erfasst.«

»Was schlägst du vor?«, fragte der Major.

In den letzten beiden schlaflosen Nächte hatte sich Bernd Brunzel mit genau dieser Frage herumgequält.

»Weitere Befragungen im Kiez: Nachbarn, die den Lada haben wegfahren sehen bzw. die Fieseler

Fingerabdrücke des Täters

am Samstag in Begleitung haben kommen sehen; in Kneipen, in denen Fieseler zuvor getrunken und eventuell jemanden aufgegabelt hatte. Wir werden alle An- und Verkaufsstellen in Berlin und im Umland abfragen, wo in dieser Woche und in den nächsten Tagen Heimelektronik zum Kauf angeboten wurde. Es könnte ja sein, dass der Täter das Zeug gleich versilbern will. Wir sollten prüfen, ob wir die vermissten Geräte nicht gleich zur Dauerfahndung in der ganzen Republik ausschreiben.«

Major Seidel erkundigte sich, ob der Fundort des Fahrzeuges in die Ermittlungen einbezogen wurde, und in welcher Weise.

»Ach, hör bloß auf.« Brunzel machte eine wegwerfende Handbewegung.«

»Nachdem der Halter ermittelt worden war und wir Fieselers Leiche fanden, haben wir seine Arbeitsstelle mit der Maßgabe informiert, den Lada in Lehnitz abzuholen, denn schließlich war es ein Dienstwagen des Ministeriums. Es erschien auch einer bei der VP in Oranienburg, ließ sich die Papiere aushändigen und fuhr wieder zurück, weil er keinen Zweitschlüssel besaß. Ehe jedoch entschieden wurde, wer den Wagen nun abschleppen sollte, war er verschwunden. Man hatte ihn zum zweiten Mal geklaut.«

Die sechs Männer am Tisch schütteln die Köpfe.

»Doch, kein Witz. Die Fahndung hatte jedoch schnell Erfolg: Der Lada wurde nur knapp vier Kilometer entfernt in einem Waldstück in der Nähe von Borgsdorf gefunden. Beim zweiten Mal war der Wagen allerdings in einem deutlich schlechteren Zustand als zuvor. Das Ausstellfenster war gewaltsam geöffnet und der Wagen kurzgeschlossen worden, im Auto lagen Zigarettenkippen. Wir gehen davon aus, dass Jugendliche mit dem herrenlosen Fahrzeug eine Spritztour gemacht haben. Die Spurensicherung bezweifelt jedenfalls, dass das Fremdmaterial eine saubere Ermittlung ermöglicht.

Schlimm finde ich allerdings, dass der Einsatz unserer Fährtenhunde im Sande verlief. Die Spuren führten zwar in Richtung S-Bahnhof Borgsdorf, aber wir müssen davon ausgehen, dass es sich dabei lediglich um den Heimweg der Kleinkriminellen handelte.«

»Ich möchte nicht daran denken, wie nahe wir wohl schon an der Auflösung waren. Wahrscheinlich hätten uns die Hunde vom Adlerweg aus direkt zur Wohnung des Mörders geführt«, warf Seiler ein.

»Du sagst es, Chef. Ich bin dennoch recht zuversichtlich, dass es nur eine Frage der Zeit ist, bis wir den Mörder haben.«

Brunzel setzte seine Ausführungen fort und zeigte auf den Kreis auf dem Leuchtbild, der mit »Doppelleben« beschriftet war. »Das ist der zentrale Begriff, wenn wir über Fieseler reden. Im normalen Leben durchlief er nach seinem Studium diverse Positionen im Volksbildungsministerium und stieg dort bis zum Abteilungsleiter auf. In seiner Funktion reiste er dienstlich ins Ausland – sowohl ins sozialistische als auch ins NSW. Soweit bekannt, enttäuschte er nie das in ihn gesetzte Vertrauen, im Gegenteil: Im Laufe der Zeit erwarb er sich mit seinem tadellosen Verhalten das Vertrauen seiner Kollegen einschließlich der Ministerin. Allerdings beschränkte er sich im Umgang mit den Kollegen meist auf das Nötigste und trennte Arbeit und Freizeit strikt voneinander. Auffällig war allenfalls Fieselers übermäßiger Alkoholkonsum bei festlichen Anlässen.«

Der Hauptmann machte eine Pause und setzte im bekannten Amtsdeutsch fort: »Der Alkohol war auch im Freizeitbereich Fieselers ständiger Begleiter. Von seiner Frau und anderen Zeugen wissen wir, dass der Ermordete nach Dienstschluss häufig Lichtenberger Gaststätten aufsuchte. Im »Tender«, im »Petit fleur«, im »Café Adrett« und im B«raumeister« galt er als Stammgast. Das dortige Personal bestätigte, dass Fieseler immer allein kam und meist auch allein ging. Den »Tender«, eine Kneipe im Bahnhof Lichtenberg, hat er am fraglichen Samstag in Begleitung verlassen. Aber«, er hielt inne und dämpfte mit der Kunstpause die möglichen Erwartungen, die sich mit dieser Feststellung verknüpfte, »die Zeugenbeschreibung des

Wirts ist ziemlich vage. Ein großer, junger, schlanker Mann mit kurzen schwarzen Haaren.«

»Würde er ihn bei einer Gegenüberstellung wieder erkennen?«

»Dazu müssten wir ihn erst einmal haben.«

»Vielleicht haben wir ihn ja bald. Wir haben in Fieselers Wohnung neben Sexspielzeugen und Hochglanzmagazinen pornografischen Inhalts, durch die Bank westdeutscher Herkunft …«

»Natürlich. Solches Dreckszeug gibt es bei uns nicht«, warf der Major ein.

»… auch ein Telefonbüchlein gefunden. Die Kollegen arbeiten die Liste bereits ab – wenn wir Glück haben, ist der Täter darunter. Bei den ersten Vernehmungen hat sich jedenfalls herausgestellt, dass es sich bei den Kontakten in Fieselers Buch größtenteils um sogenannte Klappengänger handelt.«

Husemann warf einen Blick in die Runde, um zu sehen, ob alle Kollegen etwas mit dem Begriff anfangen konnten. Der Major und die ständigen MUK-Mitarbeiter wussten Bescheid, aber die zwei von der Inspektion Lichtenberg abkommandierten jungen Kriminalisten schauten unverständig. Für sie lieferte der Major die Erklärung.

»Ihr kennt doch die öffentlichen Toiletten in unseren Parkanlagen. Zu bestimmten Zeiten, vorzugsweise am späten Abend, treffen sich dort schwule Männer. Ich persönlich habe ja keine

Ahnung, wie die sich gegenseitig erkennen, aber gerade im Volkspark Friedrichshain hat die Szene Hochkonjunktur. Übereinstimmend haben zwei der Kontakte aus Fieselers Buch bestätigt, dass sie den Ermordeten dort getroffen haben. Er hat sie auch mit nach Hause genommen, also in seine Wohnung in die Albert-Hößler-Straße.«

Hauptmann Brunzel ergänzte: »Das erklärte auch, weshalb manchmal Fieseler manchmal ziemlich derangiert nach Hause kam, wie seine Witwe aussagte. Es gibt nicht wenige, die Homos ablehnen, sie geradezu hassen, und im Umfeld solcher Treffpunkte Schwule jagen und drangsalieren. Sie wissen, dass die Homosexuellen keine Anzeige machen, weil sie sich dann outen müssten. Und viele wollen das nicht.«

»Aber hast du nicht gesagt, dass die Frau in Potsdam lebt?«

»Stimmt. Aber auch dort gibt es Parks mit Toiletten …«

»Das kann so sein, muss aber nicht. Ich bleibe dabei«, meldete sich der Major neuerlich zu Wort, »wir sollten uns bei den Ermittlungen nicht so sehr auf Fieselers sexuelle Präferenzen konzentrieren. Nach meiner Überzeugung war das kein Mord im Milieu, sondern ein Tötungsverbrechen im Affekt mit anschließendem Diebstahl, kein vordringlicher Raubmord. Was, wenn der Täter kein Schwuler war, aber von Fieseler bedrängt wurde?«

»Einverstanden«, sagte Brunzel. »Setzen wir also zunächst die routinemäßigen Ermittlungen rund um Fieselers Wohnung sowie in seinem Wohngebiet fort. Diese Aufgabe würde ich gern den uns zugeordneten Kriminalisten der Volkspolizei-Inspektion Lichtenberg übertragen.

Vielversprechend sind aus meiner Sicht die Untersuchungen im Raum Lehnitz. Obwohl es natürlich möglich ist, dass der Täter uns nur in die Irre führen wollte und nach dem Entsorgen des Wagens in die S-Bahn gestiegen ist, um nach Berlin zurückzukehren, stehen die Chancen gut, dass wir dort auf verwertbare Spuren stoßen. Eventuell wohnt der Täter in oder um Lehnitz herum oder er besitzt dort ein Wochenendgrundstück. Es ist aber auch gut möglich, dass unser Mann bei Freunden untergeschlüpft ist oder dienstlich in der Gegend zu tun hat. In Lehnitz gibt es eine NVA-Kaserne, dort sollten wir in Erfahrung bringen, wer zur Tatzeit Ausgang hatte. Unser Trumpf sind die beiden sichergestellten Fingerabdrücke. Vor uns liegt eine Riesenarbeit.«

Brunzel schaute von seinen Notizen auf und registrierte das anerkennende Nicken des Leiters. »Saubere Arbeit, Bernd. Ich denke, so sollten wir weitermachen. Ihr könnt euch ja denken, dass auch höheren Orts ziemliches Interesse an der Aufklärung des Falles besteht. Und denkt immer dran: Haltet, was die sexuellen Neigungen betrifft, den Ball flach. Es ist nicht nur wurscht, was jemand im Bett treibt, solange es keinen anderen schadet und mit dessen Zustimmung geschieht, es ist auch privat. Selbst ein hochrangiger Funktionär hat Anspruch auf ein Privatleben.«

Im Laufe der Wochen und Monate befragte und überprüfte die Morduntersuchungskommission etwa viertausend Personen. Von mehr als anderthalbtausend Verdächtigen wurden zu Vergleichszwecken Fingerabdrücke genommen. Mit einer großangelegten Fahndungsblattaktion suchten sie nach dem Diebesgut, in Zeitungen wurde, wie in solchen Fällen nötig, die Bevölkerung zur Mithilfe aufgerufen. Nichts jedoch führte zu verwertbaren Ergebnissen. Wohl oder übel mussten irgendwann die Ermittlungen eingestellt werden, der Fall wanderte als »nasser Fisch«, wie ungelöste Fälle heißen, zu den Akten.

Hauptmann Brunzel rechnete mit seiner Versetzung, weil er gescheitert war, doch Major Seidler hielt schützend seine Hände über ihn. Vielleicht hatte auch niemand seine Ablösung gefordert. Vielleicht war man ja auch froh darüber, dass Gras über die Sache wachsen konnte und nichts nach draußen drang, dass ein Abteilungsleiter im Ministerium für Volksbildung, nun ja, sexuell ein wenig neben der Spur war.

Dann ging die DDR den Bach hinunter, und

nicht wenige Kriminalisten, auch Brunzel, wurden von der neuen Behörde übernommen, die jetzt Kriminalfälle aufzuklären hatte.

Der Fall Fieseler geriet, wie so vieles aus der Vergangenheit, nach und nach in Vergessenheit. Doch plötzlich war die Erinnerung wieder da. Eines Tages, lange nach der »Wende«, bekam Brunzel den Anruf eines ehemaligen Kollegen, der seinerzeit in die Ermittlungen involviert gewesen war. Er arbeitete inzwischen im Berliner Landeskriminalamt und wertete dort daktyloskopische Spuren aus. Man müsse sich unbedingt sehen, sagte er am Telefon. Wann könnte man sich treffen?

Der Anruf überraschte Brunzel. Jahrelang hatte man nichts voneinander gehört, jetzt tat er so, als gäbe es nichts Dringlicheres. »Also gut, ich komme um 15 Uhr zu dir rum. Wo genau sitzt du?«

Dann saßen sich die beiden alten und alt gewordenen Kollegen gegenüber. In ihren Augen glimmte die Glut früher Tage.

»Halt dich fest: Die Kollegen vom Bundeskriminalamt sind fündig geworden. Du kennst *Afis*?«

»Dieses *Automatisiertes Fingerabdruckidentifizierungssystem*? Die haben den gleichen Abkürzungsfimmel wie wir, und wenn du mich fragst: Sie sind noch eine Spur bescheuerter.«

»Geschenkt. Du kennst das also. Vor etwas mehr als einem Jahr haben die in Wiesbaden einen richtigen Supercomputer bekommen. Alle – und

AFIS

Automatisches Fingerabdruck-Identifikations-System

damit meine ich wirklich alle – Fingerabdrücke, die wir jemals genommen haben, sind da drauf gespeichert: 3,5 Millionen Stück.«

»Willkommen im Überwachungsstaat …«

»Nun ist aber gut. Die haben auch alle in früheren Fällen, auch aus DDR-Zeiten, gespeicherten Fingerabdrücke aus nicht verjährten Straftaten elektronisch erfasst. Also rund hundertfünfzigtausend. Einmal in der Woche gleicht der Computer ganz automatisch diese Liste mit neu hinzugekommenen Fingerabdrücken ab – und rate mal, wen sie dabei entdeckt haben?«

Brunzels Augen wurden groß. »Die von Fieselers Mörder?«

»Hundertprozentig sicher sind wir uns noch nicht, mit meiner jahrelangen Erfahrung wage ich mal zu behaupten, dass es sich bei den Fingerabdrücken, die der Computer ausgespuckt hat, zweifelsfrei um die des Täters handelt – ich habe die Spuren schließlich damals selbst gesichert.«

»Wahnsinn. Und wie hat man ihn gefunden?«

»Der Kerl, übrigens heißt er Rosch, hat kurz nach der Wende eine Firma gegründet und gedacht, er kann in dem Chaos verdienen. Es ging anscheinend um kriminelle Darlehensgeschäfte, die jetzt aufgeflogen sind. Der Verdächtige wird gerade in der Direktion 3 in der Brunnenstraße vernommen. Da kannst du direkt einsteigen, wenn du möchtest.«

Brunzel konnte sich nicht erinnern, wann er zum letzten Mal derart aufgeregt war. Mit jedem Schritt, den er dem Zimmer näher kam, in dem der Verdächtige vernommen wurde, fühlte er sich mehr wie ein kleines Kind kurz vor der Bescherung. Mehrmals hielt er kurz inne, um sich zu sammeln – seiner Autorität wäre es nicht gerade zuträglich, wenn die Kollegen oder gar der Täter mitbekamen, wie nervös er war. Dann stand er vor der Tür. Der Kriminalhauptkommissar atmete noch einmal tief durch und trat ohne zu klopfen ein.

Die beiden Kollegen, die den Verdächtigen wegen des Betrugsfalles befragten, blickten nicht einmal auf. Man hatte sie vorher über Brunzels Erscheinen informiert, das einzig und allein dem Zweck dienen sollte, den Verdächtigen zu verunsichern. Augenscheinlich mit Erfolg: Der junge Mann auf dem Stuhl wusste nicht, wie er reagieren sollte.

Brunzel musterte den Verdächtigen von oben bis unten: Der junge Mann mit den kurzen, schwarzen Haaren musste Ende Zwanzig sein, war schlank und breitschultrig. Dieser Durchschnittstyp sollte also ein Mörder sein? Brunzel war fast ein bisschen enttäuscht, bis ihm einleuchtete, warum die Zeugen damals so unterschiedliche Aussagen gemacht hatten: Der Typ, der da vor ihm saß und wie ein verschrecktes Reh schaute, schien ein

Mann ohne Eigenschaften. Das machte ihn zum perfekten Verbrecher.

»Wissen Sie, warum ich hier bin, Herr Rosch?«

»Ich hab Ihren Kollegen schon tausend Mal erklärt, dass das mit den Darlehen ein Riesenmissverständnis war. Was wollen Sie denn noch von mir?"

»Ihr Betrug interessiert mich nicht. Mich interessiert Ihr Mord.«

Der Dramatik halber machte Brunzel eine kurze Pause und blickte Ronny Rosch tief in die Augen. »Ich weiß genau, was Sie vor sieben Jahren gemacht haben – und ich werde Sie dafür zur Rechenschaft ziehen.«

Roschs Kinnlade fiel nach unten, Brunzels Schlag hatte gesessen. »Ich weiß nicht, wovon Sie reden.«

»Herr Rosch, machen Sie sich und uns die Sache doch leichter. Sie haben im August 1987 Gunther Fieseler getötet. Wir haben damals Ihre Fingerabdrücke sichergestellt, sie sind absolut identisch mit denen, die wir jetzt von Ihnen bekommen haben. Sie wissen doch, dass ein Fingerabdruck etwas Einmaliges ist, oder?«

»Das kann doch … Also, es stimmt schon, ich war damals bei Gunther zu Besuch. Aber ich habe ihn doch nicht umgebracht. Ihre Abdrücke beweisen gar nichts.«

Der junge Mann wankte, aber er fiel nicht. So

viel Standfestigkeit hätte Brunzel ihm gar nicht zugetraut. Gut, dass er noch ein Ass im Ärmel hatte.

»Herr Rosch, jede Lüge verschlimmert Ihre Situation. Wir wissen, dass Sie es waren. In Ihrer Wohnung haben wir die technischen Geräte gefunden, die Sie nach dem Mord an Fieseler aus dessen Wohnung entwendet haben. Moment, bevor Sie mir jetzt antworten, möchte ich Ihnen Folgendes sagen: Sie sind bereits Schachmatt, das wissen Sie selbst. Für den Richter könnte es aber ein bedeutender Unterschied sein, ob Sie nun von sich aus gestehen oder ob wir es Ihnen erst nachweisen müssen. Denken Sie also scharf nach, ob Sie den Mord an Gunther Fieseler weiter leugnen möchten.«

Rosch senkte den Blick zu Boden. Dann brach es aus ihm heraus. »Ich habe ihn doch nicht umbringen wollen. Das ist so passiert. Er ging mir an die Wäsche, dieses Schwein. Ich glaube, er hat mich auch vergewaltigt, als ich bewusstlos war … Was hätten Sie denn an meiner Stelle getan? Ich bin doch kein Mörder!«

Brunzel schwieg. Das war nicht seine Aufgabe, darüber musste das Gericht befinden. Er wollte und musste lediglich den Nachweis führen, dass Fieseler sein Leben verloren hatte, weil es ihm ein anderer nahm. Und jener andere war dieses Häuflein Elend, das nun vor ihm saß und wie ein

Schlosshund heulte. Aus Selbstmitleid, oder weil es ihm vielleicht doch leid tat?

»Nur eine Sache interessiert mich noch: Wir haben damals das 1. Artillerieregiment überprüft, bei dem Sie als Unteroffizier gedient haben. Wieso kamen wir Ihnen damals nicht auf die Spur?«

»Weil es noch so etwas wie Kameraden-Ehre gab. Die Jungs haben eben nicht verraten, dass ich heimlich auf Ausgang in Berlin war.«

Brunzel schüttelte den Kopf. Nun ja, sagte er sich, die Mühlen der Gerechtigkeit mahlen mitunter langsam. Aber sie mahlen. Egal, ob Mauern stehen oder fallen …

Frauen als Mörder

Berndt Marmulla
Ein Mord wie im Kino
Authentische Kriminalfälle
aus der DDR
192 Seiten, 12,99 €
ISBN 978-3-360-02163-2

Manche Fälle sind so grausam, dass man sie kaum glauben kann: Eine Lottoverkäuferin wird in ihrem eigenen Blut gefunden, erstochen mit einer Tapetenschere. Einem 13-Jährigen wird mit einem Hammer der Schädel zertrümmert ... Berndt Marmulla versammelt authentische Kriminalfälle, die eins verbindet: ein weiblicher Täter.

Wehrlose Opfer

Eveline Schulze
Kindsmord
Authentische Kriminalfälle
aus der DDR
224 Seiten, 12,90 €
ISBN 978-3-360-01976-9

Eine Mutter ertränkt ihr Neugeborenes in einem Eimer, eine andere schmiert ihrem Zweijährigen Florena-Creme auf die Stulle, um ihn zu vergiften. Ein Vater zertrümmert den Schädel seines Kindes an der Kühlschranktür … Was treibt Eltern zu solchen barbarischen Taten? Und warum greift niemand rechtzeitig ein? Die Ermittler müssen ihre Fassungslosigkeit überwinden, um wenigstens Gerechtigkeit walten zu lassen.

Mord in göttlichem Auftrag

Peter Niggl
Die Kopf-ab-Morde
und andere authentische
Kriminalfälle
224 Seiten, 12,95 €
ISBN 978-3-360-02144-1

Wenn der Germanengott Odin Menschenopfer fordert, müssen Köpfe rollen. So jedenfalls erklärt ein Mann, warum er seine Frau enthauptet hat … Jahre später legt ein psychisch gestörter Täter einen Kopf mitten in einem öffentlichen Park ab; auch er wähnt sich von höherer Stelle beauftragt. Was treibt solche Täter an? Dieser Frage widmet sich Peter Niggl in acht packenden Kriminalfällen.

Authentisch, dramatisch, nervenaufreibend

Wolfgang Swat
Der Tote in der Wäschetruhe
Authentische Mordfälle
aus der DDR
224 Seiten, 12,95 €
ISBN 978-3-360-01992-9

Insgesamt 20 authentische Kriminalfälle aus der DDR arbeitet der Journalist Wolfgang Swat in seinem ersten Buch auf. Manche sind nie an die Öffentlichkeit gedrungen. Welche Schrecken hat die hochschwangere Frau erlebt, die sich mit letzter Kraft ins Krankenhaus schleppt und stirbt? Und was geschah mit dem Jugendlichen, dessen Motorrad an der Elster angespült wird?

ISBN 978-3-360-02171-7

© 2013 Verlag Das Neue Berlin, Berlin
Umschlaggestaltung: Buchgut, Berlin,
unter Verwendung eines Motivs von istockphoto
Abbildungen: Archiv Marmulla S. 16, 27, 34, 36, 46, 55,
61, 169, 171 f., 181; Times S. 133; Axel Mauruszat S. 140
Druck und Bindung: CPI Moravia Books GmbH, Tschechien

Ein Verlagsverzeichnis schicken wir Ihnen gern:
Das Neue Berlin Verlagsgesellschaft mbH
Neue Grünstraße 18, 10179 Berlin
Tel. 01805 / 30 99 99
(0,14 Euro/Min., Mobil max. 0,42 Euro/Min.)

Die Bücher des Verlags Das Neue Berlin
erscheinen in der Eulenspiegel Verlagsgruppe.

www.eulenspiegel-verlagsgruppe.de